# BLAISE PASCAL AKUKWI LEDIKA

## LES ATTRIBUTS DE DIEU A LA LUMIERE DES SAINTES ECRITURES

BLAISE PASCAL AKUKWI LEDIKA

# LES ATTRIBUTS DE DIEU A LA LUMIERE DES SAINTES ECRITURES

## QUI EST DIEU SELON LES SAINTES ECRITURES ?

Éditions Croix du Salut

**Imprint**

Any brand names and product names mentioned in this book are subject to trademark, brand or patent protection and are trademarks or registered trademarks of their respective holders. The use of brand names, product names, common names, trade names, product descriptions etc. even without a particular marking in this work is in no way to be construed to mean that such names may be regarded as unrestricted in respect of trademark and brand protection legislation and could thus be used by anyone.

Cover image: www.ingimage.com

Publisher:
Éditions Croix du Salut
is a trademark of
Dodo Books Indian Ocean Ltd. and OmniScriptum S.R.L publishing group

120 High Road, East Finchley, London, N2 9ED, United Kingdom
Str. Armeneasca 28/1, office 1, Chisinau MD-2012, Republic of Moldova, Europe
Managing Directors: Ieva Konstantinova, Victoria Ursu
info@omniscriptum.com

Printed at: see last page
**ISBN: 978-620-6-17108-9**

# LES ATTRIBUTS DE DIEU A LA LUMIERE DES SAINTES ECRITURES

**I.        Elohim, Dieu de la création**

**Introduction**

Les prénoms sont importants. Les parents de nouveau-nés choisissent soigneusement les prénoms de leurs enfants. Dans l'ancien Moyen-Orient, les prénoms étaient encore plus importants qu'aujourd'hui. Chaque prénom avait une signification particulière. Le prénom de certaines personnes était modifié pour refléter leur caractère.

Tout au long de l'histoire de la Bible, Dieu s'est donné différents noms, et chaque nom révèle quelque chose de nouveau sur lui qu'il veut que nous sachions. Il y a plus de soixante noms composés de Dieu dans la Bible, et chaque nom nous dit quelque chose d'important sur lui.

Dans ce cours, nous tenterons de découvrir qui est Dieu en examinant certaines des choses les plus importantes qu'il a révélées sur lui-même. Essayer de comprendre le caractère et la nature de Dieu est peut-être l'étude la plus difficile et, en même temps, la plus enrichissante qu'un être humain puisse entreprendre. Une telle étude étire l'esprit au-delà de ses limites et nous laisse avec un sentiment d'émerveillement. Plus nous en apprenons sur Dieu, plus nous réalisons que notre esprit limité ne peut pas le comprendre pleinement. Apprendre à le connaître nous laisse un profond sentiment de révérence, de respect et d'humilité.

Dans cette étude, nous écouterons Dieu nous parler à travers sa Parole. Dans la mesure où nous voyons Dieu tel qu'il est, nous nous voyons nous-mêmes tels que nous sommes réellement. Apprendre à connaître Dieu est profondément bénéfique.

Sauf indication contraire, toutes les références bibliques dans ce cours sont tirées de la Nouvelle Version Internationale de la Bible.

Nous vous invitons maintenant à nous rejoindre alors que nous nous embarquons pour le voyage spirituel le plus important de notre vie : un voyage dans le cœur et l'esprit de Dieu.

La première phrase de la Bible nous présente Dieu : « Au commencement, *Dieu* créa les cieux et la terre » (Genèse 1:1). Cette première phrase déclare que Dieu existait avant l'apparition de l'univers matériel et qu'il a créé toutes choses.

Les images étonnantes que nous envoie le télescope spatial Hubble révèlent un univers vaste et magnifique. Elles montrent une série infinie de galaxies, dont beaucoup sont plus grandes que notre Voie lactée. Elles révèlent des étoiles si énormes que notre Soleil ressemble à un petit pois en comparaison. On se demande si d'autres galaxies seront découvertes lorsqu'un télescope plus grand et plus puissant sera inventé.

Les mesures que les astronomes utilisent pour décrire la taille de notre univers sont incompréhensibles ; pourtant, Dieu a créé tout ce qui existe. Nous sommes en admiration devant lui.

Le mot hébreu traduit par « Dieu » dans le premier chapitre de la Genèse est Elohim (el o hem′). Ce nom apparaît plus de 2 500 fois dans la Bible. Entre Genèse 1:1 et 2:4, il apparaît trente-cinq fois. Aucun autre mot pour Dieu n'est utilisé dans ces versets.

## 1. L'histoire de la création

L'histoire créatrice de Dieu commence ainsi : « *Elohim* dit : Que la lumière soit ! Et la lumière fut. *Elohim* vit que la lumière était bonne, et il sépara la lumière d'avec les ténèbres. *Elohim* appela la lumière jour, et il appela les ténèbres nuit. Il y eut un soir, et il y eut un matin : ce fut le premier jour » (Genèse 1:3-5).

*Elohim* fit alors surgir l'ordre du chaos. Quand la lumière brilla sur la terre, elle révéla le désordre. L'Esprit d' *Elohim* planait au-dessus des eaux. Par un ordre, *Elohim* sépara l'eau de l'eau et mit un ciel entre les deux. Par sa puissance infinie, *Elohim* fit surgir la terre sèche et fit couler l'eau dans les profondeurs, formant des océans, des mers, des lacs, des rivières et des ruisseaux. « Et *Elohim* vit que cela était bon » (Genèse 1:10).

Puis *Dieu* créa toutes sortes de plantes et couvrit la terre de végétation. Chaque plante portait des graines selon son espèce. Il y avait de l'herbe verte, des fleurs colorées, des herbes et des légumes, des arbustes et des buissons. Il y avait des arbres de toutes sortes : des séquoias, des sapins, des épicéas, des cèdres, des genévriers, des ormes, des érables, des chênes et des trembles. Il y avait des arbres qui produisaient des fruits délicieux comme des pommes, des oranges, des pêches, des cerises, des prunes et des poires. Chaque plante était une œuvre d'art. Chaque plante portait les marques d'une conception intelligente.

Alors *Dieu* alluma les luminaires du ciel, le soleil pour présider au jour, la lune et les étoiles pour présider à la nuit. *Dieu* vit que cela était bon. (Genèse 1:18)

*Elohim* dit : « Que les eaux regorgent d'êtres vivants, et que les oiseaux volent au-dessus de la terre, dans l'étendue du ciel » (Genèse 1:20). *Elohim* créa donc des animaux aquatiques tels que des baleines, des phoques, des loutres, des requins et des poissons de différentes tailles, formes et couleurs. Il créa également des animaux microscopiques tels que des amibes, des paramécies et des bactéries. Les océans, les lacs et les cours d'eau regorgeaient d'êtres vivants et mouvants.

*Dieu* créa les oiseaux ailés, comme les éperviers, les aigles, les perroquets, les serins, les rouges-gorges, les geais bleus, les pics, les roitelets, les étourneaux, les colibris, les colombes, les poules et les dindes. Chaque oiseau se reproduisit selon son espèce. *Dieu* vit que cela était bon (Genèse 1:21).

*Dieu* dit : « Que la terre produise des êtres vivants selon leur espèce : du bétail, des reptiles et des animaux sauvages selon leur espèce » (Genèse 1:24). *Dieu* créa donc du bétail, comme les chevaux, les vaches, les moutons, les chèvres et les chameaux. Il créa des insectes rampants, comme les cafards, les scarabées, les mille-pattes, les fourmis et les scorpions. Il créa aussi des animaux sauvages, comme les ours, les lions, les tigres, les éléphants, les girafes, les cerfs, les élans et les antilopes. « *Dieu* vit que cela était bon » (Genèse 1:25).

Finalement, *Elohim* dit : « Faisons l'homme à notre image, à notre ressemblance » (Genèse 1:26). « *Elohim* créa l'homme à son image, à l'image d' *Elohim* il le créa; il créa l'homme et la femme » (Genèse 1:27). « *Elohim* vit tout ce qu'il avait fait, et cela était très bon » (Genèse 1:31).

## 2. Le pouvoir *impressionnant* d'*Elohim*

Le titre *Elohim* est étroitement lié au mot plus court *El* qui signifie « puissant, fort et puissant ». *El* est traduit par « Dieu » environ 250 fois dans la Bible anglaise. Dans la plupart des cas, *El* est utilisé lorsque Dieu manifeste sa puissance de manière spectaculaire.

Par exemple, dans Deutéronome 10:17, Moïse dit : « Car l'Éternel, ton *Dieu,* est *le Dieu* des dieux et le Seigneur des seigneurs, le *Dieu* grand , puissant et redoutable. » Les titres *El* et *Élohim* sont souvent utilisés de manière interchangeable, et les deux termes soulignent la puissance créatrice, la gloire, la force, la grandeur et la souveraineté de Dieu.

Dans le Nouveau Testament, l'équivalent d' *Elohim* est le mot grec *Theos* . S'adressant aux philosophes sur la colline de Mars à Athènes, l'apôtre Paul a dit : « Le Dieu [ *Theos* ] qui a créé le monde et tout ce qui s'y trouve est le Seigneur du ciel et de la terre » (Actes 17:24). Dieu gouverne l'univers qu'il a créé. Il n'a pas besoin de nous. Nous avons besoin de lui « parce que c'est lui qui donne à tous les hommes la vie, le souffle et tout le reste » (Actes 17:25). « En lui nous avons la vie, le mouvement et l'être » (Actes 17:28). Dieu nous a donné la vie. Nous sommes sa descendance et il est notre Dieu.

On dit qu'Élohim *a* fait sortir le cosmos du chaos, la lumière des ténèbres et la vie de la mort. Par sa grande puissance, *Élohim* a créé ce vaste univers dans lequel nous vivons. « C'est par la foi que nous reconnaissons que l'univers a été formé par la parole de Dieu, afin que ce qu'on voit n'ait pas été fait de choses visibles » (Hébreux 11:3). En d'autres termes, Dieu a tout créé à partir de rien. Il a simplement parlé, et cela a été fait. *Élohim* est un Dieu d'une puissance impressionnante, et il est tout à fait juste que nous nous prosternions devant lui.

### 3. « *Elohim* », le Dieu des relations

On pense que le mot *Elohim* est également lié au mot hébreu *Alah* , qui signifie « jurer ». Si tel est le cas, le nom *Elohim* nous indique que Dieu ratifie ses promesses et ses accords par un serment. Lorsqu'il fait une promesse, il est tenu par serment de la tenir. *Elohim* est le Dieu qui fait des alliances. Lorsque le monde antique est devenu corrompu et violent, et que les gens ne pensaient qu'à des choses mauvaises tout le temps, Dieu a fait une alliance avec Noé. « *Elohim* dit à Noé : Je vais exterminer tous les peuples, car la terre est remplie de violence à cause d'eux » (Genèse 6:13). « Mais j'établirai mon alliance avec toi » (Genèse 6:18). Pour rappeler l'accord qu'Elohim *avait* conclu avec Noé, il a placé un arc-en-ciel dans la nuée (Genèse 9:14-15).

Plus tard, *Dieu* établit une alliance avec Abraham. Quand Abraham eut quatre-vingt-dix-neuf ans, Dieu lui dit : « Je suis le Dieu Tout-Puissant. Marche devant moi et sois intègre. Je maintiendrai mon alliance entre moi et toi, et je multiplierai ton nombre » (Genèse 17:1-2). « J'établirai mon alliance entre moi et toi, et ta descendance après toi, de génération en génération, comme une alliance éternelle » (Genèse 17:7).

En concluant des alliances avec son peuple, Dieu a démontré qu'il souhaitait entretenir avec lui une relation d'amour. Une alliance est un accord mutuel entre deux parties, un accord qui implique des conditions et des promesses. C'est Dieu qui a conclu des alliances avec les êtres humains parce qu'il souhaitait entretenir avec eux une relation d'amour.

### 4. « *Elohim* », le Dieu qui tient ses promesses

Dans le Nouveau Testament, nous lisons : « Lorsque Dieu fit sa promesse à Abraham, et comme il n'avait pas de plus grand que lui pour jurer par lui-même, il jura par lui-même, en disant : Je te bénirai certainement et je te donnerai une descendance nombreuse. Et, après avoir patiemment attendu, Abraham reçut ce qui lui était promis » (Hébreux 6:13-15).

Dieu n'oublie jamais ses promesses. Nous lisons à maintes reprises qu'Elohim *s'en* souvenait. « *Elohim* se souvint de Noé » (Genèse 8:1). « *Elohim* se souvint d'Abraham » (Genèse 19:29). « *Elohim* se souvint de Rachel » (Genèse 30:22). Lorsque les Israélites gémirent sous l'esclavage égyptien et crièrent à Dieu, « *Elohim* entendit leurs gémissements, et se souvint de son alliance avec Abraham, Isaac et Jacob » (Exode 2:24). Il envoya donc Moïse en Egypte pour délivrer son peuple de l'esclavage.

Chaque fois que Dieu conclut un accord avec nous, il se souvient de ses promesses et il les accomplit.

Dans le Nouveau Testament, l'apôtre Paul dit que notre foi repose « sur l'espérance de la vie éternelle, promise avant les temps anciens par Dieu, qui ne ment pas » (Tite 1:2-3).

Il est rassurant de savoir que Dieu ne ment pas. Notre espoir de vie éternelle repose sur ses promesses. Nous n'avons pas à nous demander s'il existe une vie après la mort. Dieu a dit qu'il y en avait une, et il ne ment pas.

### 5. « *Elohim* » est une source de force en temps de trouble

La Bible décrit *Elohim* comme une source de force lorsque nous sommes faibles et accablés par des problèmes :

« *Elohim* est pour nous un refuge et un appui, un secours qui ne manque jamais dans la détresse » (Psaume 46:1).

« Ma chair et mon cœur peuvent dépérir, mais *Dieu* est le rocher de mon cœur et mon partage pour toujours » (Psaume 73:26).

« Je dirai à l'Éternel : Mon refuge et ma forteresse, Mon *Dieu* en qui je me confie » (Psaume 91:2).

« Je lève les yeux vers les montagnes : d'où me viendra le secours ? Mon secours vient de l'Éternel, qui a fait les cieux et la terre. Il ne permettra pas que ton pied chancelle ; celui qui te garde ne sommeillera pas, il ne sommeillera pas. L'Éternel te garde, l'Éternel est ton ombre à ta droite ; le soleil ne te fera pas de mal pendant le jour, ni la lune pendant la nuit. L'Éternel te gardera de tout mal, il veillera sur ta vie ; l'Éternel veillera sur tes allées et venues, maintenant et à jamais » (Psaume 121).

La vie est pleine de problèmes et nous ne pouvons y échapper. Mais lorsque nous sommes accablés de problèmes, lorsque nous pleurons la mort d'un être cher, lorsque nous perdons notre emploi et ne pouvons pas nourrir notre famille, lorsque notre enfant est malade et que nous n'avons pas les moyens de payer les médicaments, lorsque notre maison est détruite par un incendie ou une inondation et que nous nous retrouvons sans abri, lorsque notre fils adolescent devient dépendant de l'alcool ou de la drogue et refuse d'en parler, lorsque notre mère âgée est atteinte de démence et ne se souvient plus de notre nom, lorsque notre sœur est atteinte d'un cancer et qu'on lui donne six mois à vivre, lorsque notre conjoint nous quitte pour un autre amant, lorsque nous sommes accablés par les problèmes et que nous ne savons pas vers qui nous tourner pour obtenir de l'aide, mettons notre foi en *Elohim*. Il est notre source de force.

« Levez les yeux et contemplez les cieux : qui a créé toutes ces choses ? Il fait sortir une à une la multitude des étoiles, et il les appelle chacune par son nom. Par sa grande puissance et par sa force redoutable, pas une d'elles ne manque » (Isaïe 40:26).

« Ne le savez-vous pas ? N'avez-vous pas entendu ? L'Éternel est un *Dieu* de toujours, il a créé les extrémités de la terre. ... Il donne de la force à celui qui est fatigué, et il augmente la vigueur de celui qui est affaibli » (Ésaïe 40:28-29).

« Venez, prosternons-nous, adorons l'Éternel, notre créateur ; car il est notre *Dieu*, et nous sommes le peuple de son pâturage, le troupeau qu'il garde » (Psaume 95:6). *Elohim*, notre Créateur, est digne de nos louanges.

Nous trouvons réconfort et bénédiction dans le nom *d'Élohim*. Ce nom nous rappelle la puissance, la gloire et l'amour éternel de Dieu. Il nous rappelle qu'il est un Dieu d'alliance, un Dieu fidèle à ses promesses, un Dieu qui nous invite à être son peuple (Jérémie 31:33).

## II.    Yahweh, seigneur Eternel

Nous pouvons apprendre beaucoup sur la nature et le caractère de Dieu à partir de ses noms.

Dans le premier chapitre de la Genèse, Dieu est appelé *Elohim*, ce qui signifie « Dieu » ou « l'Être divin ». Il est considéré comme le puissant créateur de l'univers, le Dieu qui fait des alliances avec son peuple et qui tient ses promesses.

Dans le deuxième chapitre de la Genèse, nous arrivons au nom *Yahweh*, le nom personnel de Dieu. Le nom *Yahweh* nous révèle des qualités de Dieu qui ne sont pas visibles dans le nom *Elohim*. Il nous montre que le Dieu de la création est aussi le Seigneur juste et existant par lui-même.

Nous devons connaître Dieu comme le *Yahweh* juste afin de comprendre qui il est.

Le nom *Yahweh* apparaît 6 823 fois dans la Bible. C'est de loin le nom le plus courant pour désigner Dieu. C'est le nom qui nous en dit le plus sur la nature et le caractère de Dieu que tout autre.

## 1. Notre introduction à *Yahweh*

Nous rencontrons pour la première fois le nom *Yahweh* dans Genèse 2:4 où les noms *Yahweh* et *Elohim* sont associés. Dans ce verset, il est dit que « l'Éternel Dieu [ *Yahweh Elohim* ] a fait la terre et les cieux ». Puis, dans Genèse 2:7, nous lisons : « *Yahweh Elohim* forma l'homme de la poussière de la terre, il souffla dans ses narines un souffle de vie, et l'homme devint un être vivant ».

Les noms *Yahweh* et *Elohim* sont utilisés ensemble onze fois dans le deuxième chapitre de la Genèse et huit fois dans le chapitre trois. Ces deux noms font référence au Dieu unique de la Bible.

La Bible dit clairement qu'il n'y a qu'un seul vrai Dieu. S'adressant aux Israélites, Moïse dit : « Écoute, Israël ! L'Éternel [ *Yahweh* ], notre Dieu [ *Elohim* ], est l'unique Éternel. Tu aimeras l'Éternel, ton Dieu, de tout ton cœur, de toute ton âme et de toute ta force » (Deutéronome 6:4-5). *Yahweh* et *Elohim* sont deux noms d'un seul Dieu. L'unicité de Dieu est affirmée tout au long de la Bible.

Parlant par la bouche du prophète Isaïe, Dieu dit : « Je suis l'Éternel [ *Yahweh* ], c'est là mon nom » (Isaïe 42:8). « Je suis le premier et le dernier ; en dehors de moi il n'y a pas de Dieu [ *Elohim* ] » (Isaïe 44:6). « Je suis *l'Éternel* , et il n'y en a pas d'autre ; en dehors de moi il n'y a pas *d'Élohim* » (Isaïe 45:5).

Dieu déclare qu'il est le seul vrai Dieu vivant.

## 2. Le juste *Yahweh* veut que nous soyons comme lui

Lorsque le nom *Yahweh* entre en scène dans Genèse 2:4, quelque chose de nouveau est révélé à propos de Dieu. Alors *qu'Elohim* a béni l'homme et la femme qu'il avait créés (Genèse 1:28), *Yahweh Elohim* donne un ordre. Il dit à l'homme : « Tu pourras manger de tous les arbres du jardin ; mais tu ne mangeras pas de l'arbre de la connaissance du bien et du mal, car le jour où tu en mangeras, tu mourras certainement » (Genèse 2:16-17). Dieu a imposé une restriction à l'homme.

*Yahweh Elohim* a créé l'homme à son image (moralement droit et saint), et il s'attendait à ce que l'homme lui fasse suffisamment confiance pour obéir à ses commandements. Son commandement était simple, clair et bon. Mais Adam et Ève ont ignoré le commandement de Dieu et ont suivi les conseils de Satan.

Quand Adam et Ève mangèrent du fruit défendu, Dieu les confronta à leur péché, leur indiqua leur punition et les chassa du jardin d'Éden. À l'extérieur du jardin, des épines surgirent et Adam dut travailler dur pour faire pousser de la nourriture. Ève souffrit lors de l'accouchement. Finalement, ils moururent tous les deux et leurs corps retournèrent à la poussière d'où ils étaient issus.

Mais même en prononçant son jugement sur les humains désobéissants, le juste *Yahweh* leur a donné une lueur d'espoir. Il a promis qu'un descendant de la femme écraserait la tête de Satan (Genèse 3:15). Les forces du mal seraient finalement vaincues.

C'est ainsi que *Yahweh* nous est présenté dans la Bible. Nous ne pouvons comprendre la véritable nature de Dieu que si nous comprenons qu'il est bon, pur, juste, moralement intègre et qu'il s'attend à ce que son peuple lui ressemble. *Yahweh* est un Dieu de justice et de jugement.

## 3. L'amour dur de *Yahweh*

Peut-être devrions-nous comparer l'amour dur de Dieu à l'amour des bons parents terrestres. Les bons parents aiment leurs enfants de manière inconditionnelle. C'est-à-dire que leur amour est constant et sincère, quels que soient les erreurs, les défauts et les échecs de leur progéniture. Pourtant, leur amour s'exprime de diverses manières en fonction du comportement de leurs enfants. Lorsqu'un enfant se rebelle contre leurs directives et défie l'autorité parentale, les bons parents le disciplinent pour le bien de l'enfant. Une discipline appropriée est essentielle pour façonner le caractère. Les bons parents veulent que leurs enfants grandissent pour devenir des adultes bons, respectables et respectueux des lois. Les parents qui ne disciplinent jamais leurs enfants les encouragent simplement à faire le mal.

Dans Hébreux 12:6, 10-11, nous lisons : « Le Seigneur châtie ceux qu'il aime. [...] Dieu nous châtie pour notre bien, afin que nous participions à sa sainteté. Aucune discipline ne semble agréable sur le moment, mais douloureuse. Plus tard, cependant, elle produit une moisson de justice et de paix pour ceux qui ont été formés par elle. »

Dieu se soucie de notre sort. Il nous punit lorsque nous nous égarons parce qu'il nous aime. Il ne veut pas que nous suivions un chemin qui mène à la destruction. Il ne veut pas que nous soyons blessés, et il ne veut pas que nous blessions les autres. C'est pourquoi il nous punit pour notre propre bien. Un Dieu juste ne peut pas laisser le péché impuni.

### 4. *Yahweh* est attristé lorsque nous péchons

Dieu n'est pas un tyran au cœur dur qui se plaît à nous punir lorsque nous nous égarons. Au contraire, il est attristé. Il souffre. Il souffre lorsque nous le rejetons et refusons d'écouter ses instructions.

Au temps de Noé, « l'Éternel vit que la méchanceté des hommes était grande sur la terre, et que toutes les pensées de leur cœur se portaient chaque jour uniquement vers le mal. L'Éternel fut attristé d'avoir fait l'homme sur la terre, et son cœur fut rempli de douleur » (Genèse 6:5-6).

C'est ainsi que le Seigneur Dieu ( Yahweh Elohim ) purifia le monde du péché et conclut une alliance avec le juste Noé. Il promit qu'il ne détruirait plus jamais le monde par l'eau, et il plaça un arc-en-ciel dans la nuée pour rappeler cette alliance.

Pouvez-vous imaginer à quel point le Seigneur est en deuil aujourd'hui ? Le monde moderne ressemble beaucoup à celui dans lequel vivait Noé. Nos journaux racontent des histoires de viols, de vols, de violences domestiques, de toxicomanie, de trafic d'êtres humains, de coups, de cupidité, de corruption, de meurtres, etc. Des millions de personnes dans notre monde se sont détournées de Dieu et cèdent à leurs appétits sensuels et à leur soif de gloire et de pouvoir. Des milliards de personnes vivent comme si Dieu n'existait pas, et le cœur de notre juste Yahweh se brise. La perspective de briser le cœur de Dieu devrait être un puissant moyen de dissuasion contre le péché. Cela devrait nous aider à nous protéger contre les tentations du Malin.

### 5. *Yahweh* **parle depuis un buisson ardent**

Un jour, Moïse faisait paître les moutons de Jéthro sur le versant du mont Sinaï. Il vit un buisson qui brûlait, mais qui ne se consumait pas. *L'Éternel* vit que Moïse s'approchait pour voir. Et *Dieu* l'appela du milieu du buisson: «Moïse! Moïse!»

Moïse répondit : « Me voici » (Exode 3:4).

*Elohim* dit : « Ôte tes sandales, car le lieu sur lequel tu te tiens est une terre sainte » (Exode 3:5).

Alors *Dieu* dit : Je suis le Dieu de ton père, le Dieu d'Abraham, le Dieu d'Isaac et le Dieu de Jacob. (Exode 3:6)

Lorsque Moïse entendit cela, il se couvrit le visage, car il avait peur de regarder Dieu.

*L'Éternel* dit : « J'ai vu la misère de mon peuple en Égypte, j'ai entendu ses cris à cause de ses esclaves, et je suis inquiet de sa souffrance. C'est pourquoi je suis descendu pour le délivrer de la main des Égyptiens. … Maintenant, va, je t'envoie vers Pharaon pour faire sortir d'Égypte mon peuple, les Israélites » (Exode 3:7-8, 10).

Moïse répondit : « Qui suis-je, pour aller vers Pharaon et faire sortir d'Égypte les Israélites ? » (Exode 3:11).

Moïse est né en Égypte. Il a été élevé comme un prince dans le palais de Pharaon. Il a reçu la meilleure éducation que le monde puisse offrir. Mais maintenant, Moïse est en exil. Pendant quarante ans, il a vécu dans le désert en gardant les moutons de Jéthro, et il n'a plus confiance en lui. Il se sent incompétent et il se demande : « Qui suis-je ? »

La plupart d'entre nous se posent cette question lorsqu'ils sont confrontés à un défi de taille. Nous ne nous sentons pas qualifiés pour y répondre.

Lorsque Moïse s'excusait, *Yahweh* lui répondait : « Je serai avec toi » (Exode 3:12). Quand Dieu nous demande de faire quelque chose, il ne nous laisse pas marcher seuls. Il promet d'être avec nous. Il nous donne le pouvoir. Il nous rend capables. Il œuvre à travers nous pour accomplir des choses qui sont humainement impossibles. Moïse dit à Dieu : « Si j'allais vers les Israélites et que je leur dise : Le Dieu de vos pères m'a envoyé vers vous, et qu'ils me demandent : Quel est son nom ? Que leur répondrais-je ? » (Exode 3:14).

Dieu répondit : « JE SUIS CELUI QUI SUIS. Voici ce que tu diras aux Israélites : JE SUIS m'a envoyé vers vous. »

Puis Dieu dit à Moïse : « Dis aux enfants d'Israël : *L'Éternel* m'a envoyé vers vous. Tel sera mon nom pour toujours, le nom sous lequel on se souviendra de moi de génération en génération » (Exode 3:15).

## 6. La signification du nom « *Yahweh* »

Le nom *Yahweh* vient du mot hébreu *havah*, qui signifie « être ». Ainsi, le nom *Yahweh* implique que Dieu existe par lui-même. Le nom *Yahweh* est pratiquement identique au mot hébreu traduit par « JE SUIS ». Il est Celui qui a la vie en lui-même, et il est la source de toute vie, de toute énergie et de toute puissance.

Remarquez que Moïse a posé à Dieu deux questions importantes : (1) « Qui suis-je ? » et (2) « Quel est ton nom ? » Autrement dit, « Qui es-tu ? » Nous ne pouvons pas comprendre clairement qui nous sommes tant que nous ne savons pas qui est Dieu et ce qu'il peut faire à travers nous. Une fois que Moïse a réalisé que Dieu était avec lui et qu'il lui donnerait le pouvoir, il est allé affronter le dirigeant politique le plus puissant de la terre et il a libéré le peuple de Dieu de l'esclavage égyptien. Dieu continue de nous libérer aujourd'hui.

## 7. *Yahweh* vit dans le présent

*Yahweh* est le même hier, aujourd'hui et éternellement. Il vit dans l'éternel présent. C'est la signification de son nom.

Aujourd'hui, beaucoup de gens croient que Dieu a accompli des merveilles dans le passé et de grandes choses par l'intermédiaire de Noé, Abraham et Moïse. Pourtant, ils ne réalisent pas que Dieu est toujours vivant et actif aujourd'hui.

Croyez-vous que Dieu peut œuvrer à travers vous ? Croyez-vous qu'il peut vous utiliser pour changer le monde ? Croyez-vous qu'il peut vous transformer à son image ? Croyez-vous qu'il peut vous réconforter lorsque vous êtes triste, vous fortifier lorsque vous êtes faible et vous donner du courage lorsque vous êtes paralysé par la peur ? Croyez-vous qu'il est avec vous et qu'il vous appelle à aller délivrer les gens de l'esclavage spirituel ? Croyez-vous que

Dieu est un Dieu du présent ? Ou croyez-vous qu'il est seulement un Dieu de l'histoire ?

### 8. *Yahweh* se révèle

*Yahweh* veut que nous sachions qu'il est vivant, qu'il est saint et qu'il s'attend à ce que nous soyons saints nous aussi. Il veut que nous sachions qu'il est attristé lorsque nous nous détournons de lui et que nous ne tenons pas compte de ses instructions. Il veut que nous sachions qu'il aime tout le monde et qu'il ne veut pas que quelqu'un soit détruit par le mal. Il est le Dieu qui nous envoie comme agents de lumière dans un monde de ténèbres spirituelles.

Lorsque nous nous présentons comme ses ambassadeurs, armés de sa présence et de sa puissance, *Yahweh* veut que nous sachions que le diable et tous ses démons ne peuvent pas nous empêcher d'accomplir ce pour quoi il nous a envoyés. Il nous appelle à être son peuple et à le représenter auprès des autres.

Ceux qui répondent à son appel sont bénis par une vie riche, pleine et pleine de sens. Lorsque ses serviteurs arriveront au terme de leur vie et qu'ils se souviendront de leurs efforts pour rendre honneur et gloire à Dieu, ils seront surpris de voir ce que Dieu a fait à travers eux. La victoire sur le mal appartient à *Yahweh*.

### III.   *El Elyon*, Dieu très-haut

Le troisième nom biblique de Dieu est *El Elyon*. Le terme *El* était couramment utilisé dans l'Antiquité pour désigner une divinité. *El* suggère la puissance et la majesté. Il apparaît 238 fois dans l'Ancien Testament.

Le terme *Elyon* (El e on′) signifie « le plus haut », « le plus suprême » ou « le plus aimé ». Lorsque *El* et *Elyon* sont combinés en un seul nom, ils font référence au seul vrai Dieu qui est le plus élevé de tous les êtres. Il est le Dieu qui est au-dessus de nous. Il est le Dieu que nous pouvons aimer et en qui nous pouvons avoir confiance.

Le nom *El Elyon* apparaît pour la première fois dans Genèse 14:18, où Melchisédek, le roi de Salem, est appelé « prêtre du Dieu Très-Haut [ *El Elyon* ] ». L'histoire de Melchisédek se déroule à la fin d'une guerre entre rois. Revoyons cette histoire depuis le début.

### 1. Abram quitte Haran pour Canaan

Lorsque Abram (ou Abraham) eut soixante-quinze ans, Dieu lui dit de quitter Charan et de se rendre dans un pays qu'il lui montrerait. Abram quitta Charan et partit pour le pays de Canaan. Abram prit avec lui sa femme Saraï, son neveu Lot et tous leurs biens.

Lorsqu'ils arrivèrent à l'arbre de Moré à Sichem, Abram bâtit un autel pour l'Éternel (Genèse 12:6-7). Lorsqu'ils campèrent dans la région montagneuse entre Béthel et Aï, Abram bâtit un autre autel et adora Dieu (Genèse 12:8). Lorsqu'il revint plus tard à cet endroit entre Béthel et Aï, Abram adora de nouveau Dieu (Genèse 13:4). Presque partout où il allait, Abram construisait un autel de pierre et adorait l'Éternel.

Au fil du temps, Abram devint très riche. Ses brebis et ses chèvres se multiplièrent, et il acquit de l'argent et de l'or. Lot, son neveu, possédait aussi de nombreux troupeaux. Finalement, l'herbe manqua pour nourrir les bêtes, et une querelle éclata entre les bergers d'Abram et ceux de Lot. Abram dit à Lot : « Qu'il n'y ait pas de querelle entre moi et toi, ni entre tes bergers et les miens, car nous sommes frères. N'as-tu pas tout le pays devant toi ? Séparons-nous. Si tu vas à gauche, j'irai à droite ; si tu vas à droite, j'irai à gauche. » (Genèse 13:8-9)

### 2. Lot déménage à Sodome

Lot regarda autour de lui et vit que la vallée du Jourdain était abondante en eau. À cette époque, la vallée du Jourdain était comme le jardin de Dieu. C'était une bonne terre semblable au delta du Nil en Égypte. Lot choisit donc pour lui-même la vallée du Jourdain sans penser aux desseins de Dieu ni à l'influence corruptrice des villes mauvaises.

Les deux hommes se séparèrent. Abram installa ses tentes près des grands arbres de Mamré, à Hébron, et là, il construisit un autel à l'Éternel. Lot se dirigea vers l'est. Il vécut d'abord parmi les villes de la plaine du Jourdain. Puis, il dressa sa tente près de Sodome. Finalement, il s'installa à Sodome et y vécut avec sa femme et ses deux filles (Genèse 14:12). « Or, les hommes de Sodome étaient méchants et péchaient grandement contre l'Éternel » (Genèse 13:13). Lot aurait dû savoir que cette ville ne fournirait pas un environnement sain à sa famille.

Lot a agi par impulsion et a basé ses choix sur la beauté et sur les opportunités perçues. Il a adopté les normes de valeur et de réussite du monde sans penser à Dieu ni à l'impact que ses décisions auraient sur sa femme et ses filles.

### 3.  La première guerre de l'histoire

En ce temps-là, Kedorlaomer et trois autres rois de l'Orient vinrent pour punir les villes de la vallée de la mer Morte. Les rois de Sodome, de Gomorrhe, d'Adma, de Tseboïm et de Béla avaient servi Kedorlaomer pendant douze ans. Mais la treizième année, ils se révoltèrent contre lui. L'année suivante, Kedorlaomer et ses alliés vinrent faire la guerre aux rois.

Les rois de la vallée s'unirent pour combattre Kedorlaomer, mais l'armée des envahisseurs les écrasa et ils s'enfuirent dans les montagnes. L'ennemi attaqua alors Sodome et Gomorrhe, s'empara des habitants et prit leur nourriture, leurs vêtements et leurs biens. Parmi ceux qui furent capturés se trouvaient Lot et sa famille.

Un homme qui s'était enfui de Sodome alla trouver Abram et lui raconta ce qui s'était passé. Lorsqu'Abram apprit que Lot avait été capturé, il rassembla 318 de ses serviteurs, qui étaient des soldats expérimentés. Abram et sa petite milice poursuivirent l'ennemi jusqu'à la ville de Dann, située à environ 225 kilomètres au nord d'Hébron.

Cette nuit-là, Abram divisa ses hommes en plusieurs groupes et attaqua les troupes ennemies de tous côtés. Il les battit si durement qu'elles abandonnèrent tout et prirent la fuite. Les hommes d'Abram poursuivirent les soldats en fuite jusqu'à Hoba, au nord de Damas. Abram revint et ramena les femmes, les serviteurs, Lot et tous les biens que Kedorlaomer avait pris à Sodome et à Gomorrhe.

### 4.  Deux rois sortent à la rencontre d'Abram

Abram était sur le chemin du retour après la bataille lorsqu'il rencontra deux rois : le roi de Sodome et le roi de Salem.

Le roi de Sodome sortit à sa rencontre dans la vallée de Shavé, une vallée située juste au nord de Salem. Il voulait négocier avec Abram, mais avant qu'il ait pu lui faire part de ses conditions, le roi Melchisédek sortit à sa rencontre.

Dans Genèse 14:18-19, nous lisons : « Melchisédek, roi de Salem [Jérusalem], apporta du pain et du vin. Il était sacrificateur du Dieu Très-Haut [ El Elyon ], et il bénit Abram, en disant : Béni soit Abram par le Dieu Très-Haut, créateur du ciel et de la terre ! Et béni soit le Dieu Très-Haut qui a livré tes ennemis entre tes mains ! »

Le mot hébreu traduit par « créateur » signifie littéralement « possesseur ». Le Dieu Très-Haut possède le ciel et la terre. Des gens de toutes races, langues et nations lui appartiennent. Il a tout créé, et tout lui appartient. Selon les paroles du prophète Daniel, « le Très-Haut domine sur les royaumes des hommes » (Daniel 4:25).

Les paroles de Melchisédek firent une profonde impression sur Abram. Abram avait découvert quelque chose de nouveau au sujet de Dieu. Lorsque le roi de Sodome dit à Abram : « Donne-moi le peuple, et garde pour toi le bien » (Genèse 14:21), Abram refusa son offre et cita Melchisédek presque mot pour mot.

Abram dit au roi de Sodome : « J'ai levé ma main vers l'Éternel, le Dieu Très-Haut, qui a créé le ciel et la terre, et je jure que je ne prendrai rien de ce qui t'appartient, pas même un fil ou une courroie de chaussure, afin que tu ne puisses plus dire : J'ai enrichi Abram » (Genèse 14:22-24).

Le roi de Sodome n'offrait pas à Abram un simple chariot rempli de nourriture. Abram avait rapporté le butin de deux villes prospères. Il y avait de grands troupeaux de bovins, de moutons, de chèvres, de chameaux et d'ânes. Il y avait aussi des outils agricoles, des chariots, des armes, des malles pleines de vêtements, des meubles de qualité et des coffres aux trésors remplis de diamants, de perles, de bijoux, d'argent et d'or. Mais Abram ne voulait rien de tout cela pour lui-même. Il a renoncé à cette immense fortune parce qu'il voulait rendre hommage à Dieu, et non à un roi impie.

D'où Abram a-t-il tiré la force de résister à une telle tentation ? Comment s'est-il détaché des biens de ce monde ? Il a puisé sa force dans la révélation de Melchisédek sur l'identité de Dieu. Dieu est El Elyon (Dieu Très-Haut), créateur et propriétaire de l'univers. Tous les biens qui avaient été pris à Sodome et Gomorrhe appartenaient à Dieu, et Abram avait confiance en El Elyon pour subvenir à tous ses besoins.

## 5. Le contraste entre les deux rois

Remarquez le contraste entre les deux rois. Le roi de Sodome avait tout perdu. Il ne lui restait plus rien pour marchander. Abram avait parfaitement le droit de garder le butin qu'il avait pris au combat. Le roi de Sodome n'avait aucun droit de demander quoi que ce soit à Abram, et pourtant il lui dit : « Donne-moi le peuple. »

Il semble que le roi se souciait plus de lui-même que de son peuple. Sans son peuple, il n'aurait pas eu de royaume et personne à gouverner.

Le roi de Sodome n'était pas un homme pieux. Sous sa direction, le peuple de Sodome était devenu notoirement violent et moralement corrompu. Il n'est pas étonnant qu'Abram n'ait pas voulu négocier avec lui ni même accepter de sa main un fil ou une lanière de sandale.

Melchisédek, lui, sortit à la rencontre d'Abram, sans rien lui demander. Il lui donna du pain et du vin et le bénit au nom du Dieu Très-Haut. Il lui rappela que c'était Dieu qui lui avait donné la victoire sur ses ennemis. Ce n'était pas le petit groupe de serviteurs d'Abram qui, à eux seuls, avaient vaincu les quatre puissants rois de l'Est. Ce n'était pas le génie militaire d'Abram qui les avait menés à la victoire. C'était Dieu Très-Haut qui avait donné à Abram la victoire sur des forces largement supérieures.

Les paroles de Melchisédek nous rappellent que Dieu est capable de faire des choses qui sont humainement impossibles (Matthieu 19:26). Cette histoire nous rappelle également qu'El *Elyon* est le Dieu universel qui gouverne toutes les nations. Melchisédek n'était pas membre de la race hébraïque. Il était cananéen, mais il était prêtre d' *El Elyon* , le seul vrai Dieu qui est également connu sous le nom *d'Elohim* et de *Yahweh* .

## 6. Abram

Il existe également un contraste frappant entre Abram et Lot. Abram était un homme au service de Dieu. Lorsque Dieu lui a dit de quitter Charan, il est parti. Partout où il est allé, il a adoré Dieu. Lorsque l'herbe est devenue rare, il a généreusement donné à Lot le choix de la terre. Lorsque lui et ses serviteurs-soldats ont vaincu Kedorlaomer, il a attribué le mérite à Dieu. Lorsque le roi de Sodome lui a proposé de lui laisser les biens qu'il avait pris au combat, il a refusé de les garder. Abram a mis sa confiance en Dieu.

Êtes-vous à l'aise financièrement ? Êtes-vous propriétaire d'une entreprise prospère ? Avez-vous un emploi bien rémunéré ? Êtes-vous passé de la pauvreté à la richesse ? Si oui, à qui attribuez-vous le mérite de votre réussite ? Abram a attribué le mérite à Dieu, et Dieu a fait d'Abram l'un des plus grands hommes qui aient jamais vécu.

Où placer notre confiance ? Comment réagirions-nous si notre maison brûlait ? Si nous perdions tout dans une inondation ? Si nous perdions notre emploi ? Si le monde était plongé dans une dépression financière ? Serions-nous désespérés ? Ou placerions-nous notre confiance en Dieu Tout-Puissant et trouverions-nous la paix qui défie l'entendement ?

### 7. Parcelle

Contrairement à Abram, Lot était un homme égoïste. Quand Abram lui a demandé de choisir sa part du pays, Lot a choisi la meilleure partie. Il s'est installé dans la belle vallée du Jourdain. Bien que Lot fût un homme bon (2 Pierre 2:7), il a dressé sa tente près de Sodome et a finalement emménagé dans la ville, bien que notoirement méchante. Lot pensait peut-être que vivre à Sodome lui serait bénéfique financièrement.

Mais Sodome tomba et Lot fut emmené captif. Abram le délivra, mais Abram donna le butin au roi de Sodome. Il se peut que Lot se soit retrouvé sans rien. Pourtant, Lot retourna à Sodome.

Finalement, les villes de Sodome et de Gomorrhe devinrent si mauvaises que Dieu fut contraint, par sa justice, de les détruire. Deux anges de Dieu se rendirent à Sodome et ordonnèrent à Lot et à sa famille de quitter la ville. Comme ils hésitaient, les anges les saisirent par la main et les firent sortir. Les anges leur dirent : « Fuyez pour sauver votre vie ! Ne regardez pas en arrière et ne vous arrêtez nulle part dans la plaine. Fuyez vers les montagnes, de peur que vous ne soyez emportés ! » (Genèse 19:17).

Alors que Lot et sa famille s'approchaient de Tsoar, « l'Éternel fit pleuvoir du soufre ardent sur Sodome et Gomorrhe » et détruisit les villes (Genèse 19:24). Ce jour-là, Lot perdit sa femme. Elle se retourna vers Sodome, peut-être avec nostalgie, et fut transformée en statue de sel.

Lot et ses deux filles s'installèrent dans les montagnes et vécurent dans une grotte. Une nuit, les filles donnèrent du vin à leur père et l'enivrèrent. L'aînée coucha avec lui et tomba enceinte de son père. La nuit suivante, les filles enivrèrent à nouveau leur père. Cette fois, la cadette coucha avec son père et conçut un fils. Les influences corruptrices de Sodome avaient fait des ravages. Au final, Lot fut un pitoyable échec en tant que mari et père, tout cela parce qu'il avait poursuivi ses propres intérêts égoïstes et qu'il n'avait pas réussi à se soumettre au Dieu Très-Haut.

Le contraste entre Abram et Lot est évident. Abram était « suffisant pour Dieu » et Lot était « autosuffisant ». C'est du moins ce qu'il pensait. Abram fut béni et Lot fut déshonoré. Vivre sous le règne du Dieu Très-Haut rapporte de riches dividendes, maintenant et pour toujours.

Maintenant que nous connaissons Dieu sous le nom d' *El Elyon* , nous chantons avec David : « Je louerai l'Éternel pour sa justice, je célébrerai le nom de l'Éternel, le Très-Haut » (Psaume 7:17).

### IV.   Adonaï, maitre

On demande souvent aux étudiants en littérature anglaise de mémoriser le poème « Invictus » de William Ernest Henley. Le poème se termine par ces mots : « Je suis le maître de mon destin, je suis le capitaine de mon âme. »

Avec tout le respect que je dois à Henley, l'esprit indépendant exprimé dans « Invictus » montre que l'auteur n'a pas compris qui est Dieu. Henley a contracté la tuberculose à l'âge de douze ans. Il a perdu une jambe à dix-sept ans. Il a mené une vaillante bataille contre la tuberculose toute sa vie. Malheureusement, il a refusé de reconnaître Dieu comme son Maître, et il s'est ainsi privé de la force spirituelle de Dieu.

### 1. Les noms de Dieu

Jusqu'ici, dans notre étude, Dieu s'est révélé comme *Elohim* , le Dieu puissant et glorieux de la création ; comme *Yahweh* , le Seigneur auto-existant, juste et saint qui transforme son peuple à son image ; et comme *El Elyon* , le Dieu Très-Haut, qui prend bien soin de ceux qui lui font confiance. Ces noms nous aident à comprendre qui est Dieu. Ils nous donnent un aperçu de sa nature et de son caractère.

Le nom *Adonaï* (Ädon i´) nous donne un autre indice sur l'identité de Dieu et nous aide à comprendre notre relation avec Dieu.

## 2. La signification d'*Adonaï*

Le nom *Adonaï* est utilisé en référence à Dieu environ 300 fois dans l'Ancien Testament et est traduit par « Seigneur ». Littéralement, *Adonaï* est un mot pluriel qui signifie « Seigneurs ». Nous explorerons ce mystère dans une leçon ultérieure.

Lorsqu'il s'agit d'un homme, le mot est toujours au singulier, *adon* . Le mot *adon* apparaît dans l'Ancien Testament environ 215 fois et est traduit par « maître », « sieur », « seigneur » et « propriétaire ». Parfois, il fait référence à la relation d'un homme avec sa femme.

Le nom *Adonaï* signifie propriété. Il affirme que Dieu est le propriétaire de tout ce qui existe parce qu'il est le Créateur. Il nous affecte personnellement plus que tout autre nom car il révèle notre relation à Dieu. Il est notre Maître et nous sommes ses serviteurs.

## 3. *Adonaï* et Abram

Le nom *d'Adonaï* apparaît pour la première fois dans Genèse 15:2. Abram avait délivré Lot et sa famille des armées de Kedorlaomer. Abram et ses hommes étaient retournés chez eux à Hébron.

Il semble que la victoire d'Abram ait été suivie d'une période de dépression. Il avait peur de ne jamais être père.

Une nuit, Dieu dit à Abram dans une vision : « N'aie pas peur, Abram. Je suis ton bouclier, ta récompense sera très grande » (Genèse 15:1).

Abram répondit : « Seigneur Éternel , que me donneras-tu ? Je suis sans enfants, et c'est Éliézer de Damas qui héritera de mes biens. Tu ne m'as pas donné d'enfants ; c'est donc un serviteur qui sera mon héritier. » (Genèse 15:2-3).

Remarquez qu'Abram s'est adressé à Dieu en l'appelant *Adonaï* (Seigneur ou Maître), puis il a gentiment réprimandé Dieu pour ne pas avoir tenu sa promesse. C'est absurde. Un serviteur ne réprimande pas son maître.

L'Éternel répondit : « Cet homme [Éliézer] ne sera pas ton héritier, mais un fils issu de tes entrailles sera ton héritier » (Genèse 15:4). Dieu fit sortir

Abram et dit : « Regarde le ciel et compte les étoiles. Si tu peux les compter… Telle sera ta descendance » (Genèse 15:5).

Abram crut au Seigneur, et sa foi lui fut comptée comme justice (Genèse 15:6). Abram crut que le Maître de l'univers était capable de donner à Saraï et à lui un enfant dans leur vieillesse.

### 4. *Adonaï* et Moïse

Plus tard, lorsque *Yahweh* a demandé à Moïse d'aller en Égypte pour délivrer les esclaves hébreux de l'esclavage, Moïse s'est adressé à lui en l'appelant *Adonaï*. Comme nous l'avons noté dans la leçon 2, Moïse a présenté un certain nombre d'excuses, mais Dieu les a toutes rejetées. Moïse a dit : « Adonaï, je n'ai jamais été éloquent, ni par le passé, ni depuis que tu as parlé à ton serviteur. Je suis lent à parler et à parler » (Exode 4:10). Ici, Moïse se réfère à Dieu comme *à Adonaï* reconnaissant sa souveraineté. Puis, il refuse de lui obéir. Cela aussi est contradictoire.

L'Éternel dit : « Qui a donné à l'homme une bouche ? … N'est-ce pas moi, l'Éternel ? Maintenant, va, je t'aiderai à parler, et je t'enseignerai ce que tu devras dire » (Exode 4:11-12).

Moïse dit : « Mais, *ô Éternel* ! envoie quelqu'un d'autre pour le faire » (Exode 4:13).

A ce moment, Dieu se mit en colère contre Moïse. Dans sa colère, Dieu donna Aaron à Moïse pour qu'il soit son porte-parole.

Combien de fois avons-nous mis Dieu en colère lorsque nous l'appelions « Seigneur » et que nous refusions ensuite de lui obéir ?

### 5. *Adonaï* et David

Un jour, le prophète Nathan vint trouver David et lui dit : « L'Éternel t'annonce que l'Éternel lui-même t'établira une maison… Ta maison et ton royaume subsisteront pour toujours devant moi, ton trône sera affermi pour toujours » (2 Samuel 7:11, 16).

Pensez à la joie qui a dû envahir le cœur de David lorsqu'il a entendu les paroles de Nathan. David avait grandi comme un simple berger. Dieu a promis d'établir sa famille et son trône pour toujours.

David n'en croyait pas ses oreilles. Il confessa son humble passé et reconnut sa propre indignité. Il comprit que c'était Dieu qui l'avait fait roi et qui l'avait gardé en vie. David resta sans voix. Il ne pouvait que louer Dieu comme Adonaï, le Maître suprême qui seul est digne de notre confiance sans réserve, de notre soumission, de notre obéissance et de nos louanges.

David pria ainsi : « Qui suis-je, Seigneur Éternel [ Adonaï Yahweh ], et quelle est ma famille, pour que tu m'aies amené jusqu'ici ? Et comme si cela ne suffisait pas à tes yeux, Adonaï Yahweh , tu as aussi parlé de l'avenir de la maison de ton serviteur. Est-ce là ta manière habituelle d'agir avec les hommes, Adonaï Yahweh ? » (2 Samuel 7:18-19). « Que tu es grand, Adonaï Yahweh ! Il n'y a personne comme toi, et il n'y a pas d'autre Dieu que toi » (2 Samuel 7:22). La prière se poursuit sur sept autres versets.

Sept fois dans une prière, David a appelé Dieu Adonaï Yahweh . David, le Roi, a reconnu le Seigneur comme son Maître. Dieu est le Roi des rois et le Seigneur des seigneurs.

## 6. *Adonaï* dans les Psaumes

Dans le Psaume 8, David écrit : « *Éternel* , notre *Seigneur* , que ton nom est magnifique sur toute la terre ! » (Psaume 8:1). Priant l' *Éternel* , il dit : « Quand je contemple tes cieux, ouvrage de tes doigts, la lune et les étoiles que tu as créées, qu'est-ce que l'homme, pour que tu te souviennes de lui ? » (Psaume 8:3-4).

Dans le Psaume 97, le psalmiste écrit : « Les montagnes fondent comme de la cire devant *l'Éternel*, devant le *Seigneur* de toute la terre. Les cieux publient sa justice, et tous les peuples voient sa gloire » (Psaume 97:5-6). Dans ces Psaumes, *l'Éternel* est le Maître de toute la terre.

## 7. *Adonaï* appelle Isaïe au ministère

Après la mort du roi Ozias, le jeune Isaïe entra dans le temple, probablement pour prier. Là, il eut une vision de *l'Éternel*. Il écrit : « Je vis l'Éternel [ *Adonaï* ] assis sur un trône très élevé, et les pans de sa robe remplissaient le temple. Au-dessus de lui étaient des séraphins ayant chacun six ailes : deux d'entre eux leur couvraient le visage, deux autres leur couvraient les pieds, deux autres leur permettaient de voler. Ils s'appelaient les uns les autres : Saint, saint, saint est l'Éternel des armées ! Toute la terre est pleine de sa gloire !

Au bruit de leurs voix, les poteaux et les seuils tremblèrent, et le temple fut rempli de fumée » (Ésaïe 6:1-4).

Ésaïe s'écrie : « Malheur à moi ! Je suis perdu ! Car je suis un homme dont les lèvres sont impures, et j'habite au milieu d'un peuple dont les lèvres sont impures ; et mes yeux ont vu le Roi, l' Éternel *des armées* » (Ésaïe 6:5).

Alors l'un des séraphins vola vers Ésaïe, tenant à la main une braise. Il la prit sur l'autel avec des pincettes, et il toucha la bouche d'Ésaïe, en disant : « Voici que ceci a touché tes lèvres : ta faute est enlevée, et ton péché est expié. » (Ésaïe 6:6-7)

Alors Ésaïe entendit la voix de *l'Éternel* qui disait : « Qui enverrai-je ? Et qui marchera pour nous ? »

Ésaïe répondit : « Me voici, envoie-moi » (Ésaïe 6:8). Ésaïe avait vu la gloire et la sainteté d'*Adonaï*, son Maître. Rempli d'émerveillement, il fut prompt à répondre à l'ordre du Seigneur. Lorsque nous entrevoyons Dieu tel qu'il est réellement, nous réagissons comme l'a fait Ésaïe.

## 8. Adonaï et Jérémie

Quand Jérémie était jeune homme, la parole de l'Éternel lui fut adressée, disant : « Avant que je te forme dans le ventre de ta mère, je te connaissais ; avant que tu sois sorti du sein maternel, je t'avais consacré, je t'avais établi prophète des nations » (Jérémie 1:5).

Jérémie dit : « Ah ! Seigneur *Éternel* ! je ne sais pas parler, je ne suis qu'un enfant » (Jérémie 1:6). L'Éternel lui répondit : « Ne dis pas : Je suis un enfant. Va vers tous ceux vers qui je t'enverrai, et dis-leur tout ce que je t'ordonnerai. N'aie pas peur d'eux, car je suis avec toi et je te délivrerai » (Jérémie 1:7-8).

Alors l'Éternel étendit la main, toucha la bouche de Jérémie et dit : « Maintenant, je mets mes paroles dans ta bouche. Regarde, aujourd'hui je t'établis sur les nations et sur les royaumes, pour déraciner et abattre, pour détruire et renverser, pour bâtir et pour planter. » (Jérémie 1:9-10)

Ainsi, Dieu a envoyé Jérémie comme prophète parmi les nations, promettant d'être avec lui et de mettre des paroles dans sa bouche.

Quand *Adonaï* nous appelle à servir, il nous équipe pour mener à bien notre mission.

## 9. Adonaï et Ézéchiel

Ézéchiel prophétisa à une époque où Israël était en révolte contre Dieu. Sur le fleuve Kebar, les cieux s'ouvrirent et Ézéchiel eut des visions de Dieu (Ézéchiel 1:1, 3). L'Esprit de Dieu entra en lui et lui dit de parler aux Israélites rebelles au nom de *l'Adonaï Yahweh* (Ézéchiel 2:3).

Le nom *d'Adonaï* apparaît environ 200 fois dans les prophéties d'Ézéchiel. Ces prophéties s'adressent à Ammon, à Babylone, à Édom, à l'Égypte, à Moab, à la Philistie, à Sidon et à Tyr, ainsi qu'à Israël. Ézéchiel, comme Jérémie, révèle qu'Adonaï *est* le Maître de toutes les nations. À maintes reprises, Ézéchiel répète : « Ainsi parle le Seigneur, l'Éternel [ *Adonaï Yahweh* ] » (Ézéchiel 13:8) et « Alors vous saurez que je suis le Seigneur, l'Éternel [ *Adonaï Yahweh* ] » (Ézéchiel 13:9).

## 10. *Adonaï* et Daniel

Le prophète Daniel présente Adonaï comme le Seigneur de toutes les nations. Dans le chapitre 9 du livre de Daniel, le nom d'Adonaï apparaît dix fois dans dix-sept versets. Dans ce chapitre, Daniel confesse l'infidélité d'Israël et demande à Adonaï le pardon et la restauration. Daniel prie ainsi : « Adonaï , Dieu grand et redoutable, qui gardes son alliance et son amour envers tous ceux qui l'aiment et qui observent ses commandements, nous avons péché et nous avons fait le mal » (Daniel 9:4-5).

C'est contre Adonaï (Maître) qu'Israël avait péché, et c'est à Adonaï que Daniel demanda pardon : « Adonaï, écoute ! Adonaï, pardonne ! Mon Dieu, ne tarde pas ! » (Daniel 9:19).

## 11. La relation mari-femme

Dans les temps anciens, une femme appelait son mari « adon ». Cela suggère qu'Adonaï n'est pas seulement le Maître de toutes les nations, mais aussi le Dieu qui aime son peuple comme un bon mari aime sa femme. L'amour entre les jeunes mariés pendant leur lune de miel est un symbole de l'amour sacré entre Adonaï et son peuple. Les mots ne peuvent exprimer la beauté de notre relation avec notre Dieu d'amour lorsque nous sommes en accord avec lui.

## Conclusion

Beaucoup de gens dans le monde font ce qu'ils veulent, disent ce qu'ils veulent, pensent comme ils veulent et croient ce qu'ils veulent, sans penser à Dieu comme leur Maître. Ils disent : « Nous sommes maîtres de nos lèvres. Qui est notre maître ? » (Psaume 12:4). Ils considèrent que s'incliner devant Dieu est dégradant et un signe de faiblesse. Ils s'identifient à « My Way » de Frank Sinatra. Il y a cinq strophes, et chacune se termine par les mots : « I did it my way ». Une telle indépendance est un déni d'*Adonaï* qui nous aime, qui prend soin de nous, qui nous donne une vie pleine de sens et de but.

Ceux qui connaissent Dieu sous le nom *d'Adonaï* le reconnaissent comme Maître et se considèrent comme ses serviteurs. Abraham, Isaac, Jacob, Moïse, David et Paul se sont tous identifiés comme des serviteurs de Dieu. La seule façon d'être vraiment grand est d'être un humble serviteur (Matthieu 20:26).

Dans toute la Bible, le Seigneur [ *Adonaï* ] est le Maître qui nous appelle à servir, qui promet d'être avec nous et qui nous équipe pour notre mission. Il nous aime comme un bon mari aime sa femme. Il nous comble de bénédictions et, en fin de compte, il nous offrira une demeure glorieuse avec lui au ciel.

La vraie liberté se trouve en étant serviteur de Dieu.

## V.    El shaddai, Dieu tout-puissant

Dans Genèse 17, Dieu apparaît à Abram et lui révèle qu'il est le Dieu qui fait des choses scientifiquement impossibles. Nous découvrons ici le cinquième nom de Dieu. Le Seigneur dit à Abram : « Je suis le Dieu Tout-Puissant [ *El Shaddai* ] » (Genèse 17:1).

Le sens littéral de *El Shaddai* (El Shad di′) est « Dieu tout-puissant et tout-suffisant ». Il a le pouvoir de faire sortir les nations du ventre mort d'une vieille femme qui n'a jamais pu avoir d'enfants. *El Shaddai* contrôle l'univers qu'il a créé.

Écoutez ce que Dieu dit à Abram : « Lorsque Abram fut âgé de quatre-vingt-dix-neuf ans, l'Éternel lui apparut, et dit : Je suis le Dieu Tout-Puissant [ *El Shaddaï* ] ; marche devant moi et sois intègre ; je confirmerai mon alliance entre moi et toi, et je multiplierai ton nombre. » – Genèse 17:1-2.

Ces paroles ont dû troubler Abram. Dieu lui avait promis un enfant depuis vingt-quatre ans, et il n'en avait toujours pas. Pour comprendre la frustration d'Abram, il faut revenir au douzième chapitre de la Genèse et revoir l'histoire de sa vie.

### 1. L'appel et la promesse de Dieu

Saraï, la femme d'Abram, était stérile. C'était une belle femme, mais elle ne pouvait pas avoir d'enfants. Dans les cultures anciennes, ne pas avoir d'enfants pour son mari était une catastrophe. À cette époque, il était de coutume pour un homme de divorcer de sa femme si elle était stérile.

Quand Abram eut soixante-quinze ans, Dieu lui dit : « Quitte ton pays, ton peuple et la maison de ton père, et va dans le pays que je te montrerai. Je ferai de toi une grande nation. » (Genèse 12:1-2) Abram quitta donc Charan et emmena Saraï et son neveu Lot au pays de Canaan. Là, Dieu lui parla et dit : « Je rendrai ta descendance comme la poussière de la terre, en sorte que, si quelqu'un pouvait compter la poussière, ta descendance pourrait aussi être comptée. » (Genèse 13:16) Pouvez-vous imaginer l'excitation d'Abram en entendant ces paroles ? Abram croyait que Dieu était capable de lui donner un enfant même si sa femme et lui vieillissaient.

### 2. La foi d'Abram mise à l'épreuve

Le temps passa et Abram se découragea. Saraï et lui avaient presque soixante-dix ans et ils n'avaient toujours pas d'enfants.

Pour remonter le moral d'Abram, Dieu vint vers lui une nuit et lui promit de lui donner un fils. Abram crut en l'Éternel, et Dieu lui imputa sa foi comme justice (Genèse 15:6). Le temps passa et la foi d'Abram fut mise à rude épreuve.

### 3. La foi de Saraï vacille

Quand Abram avait 85 ans et Saraï 75 ans, ils n'avaient toujours pas d'enfants. Ils avaient attendu dix longues années pour que Dieu accomplisse sa promesse. Saraï en conclut qu'elle était trop vieille pour avoir un enfant, alors elle décida de donner un coup de main à Dieu.

Saraï avait une servante égyptienne du nom d'Agar, et elle décida de l'utiliser comme mère porteuse. C'était une pratique courante dans l'ancien Moyen-Orient. Elle dit à Abram : « L'Éternel m'a empêchée d'avoir des enfants.

Va, couche avec ma servante ; peut-être pourrai-je fonder une famille grâce à elle » (Genèse 16:2).

Abram fit ce que sa femme lui avait suggéré : il coucha avec Agar, et elle conçut.

Quand Agar se rendit compte qu'elle était enceinte, elle devint fière et méprisa Saraï. Une grave dispute s'installa entre les deux femmes et, dans sa colère, Saraï rejeta la faute sur son mari. Au lieu de se défendre, Abram traita Saraï avec gentillesse.

Lorsqu'Abram fut âgé de quatre-vingt-six ans, Agar donna naissance à un garçon, et Abram l'appela Ismaël.

## 4. Entrez *El Shaddai*

Treize ans plus tard, nous revenons à Genèse 17. Treize ans se sont écoulés depuis la naissance d'Ismaël. Abram a maintenant quatre-vingt-dix-neuf ans et Saraï quatre-vingt-neuf ans, ce qui est beaucoup trop vieux pour avoir un enfant selon la loi naturelle. Abram et Saraï croyaient tous deux qu'Ismaël était le seul enfant qu'ils auraient jamais. Ils pensaient que les chances de Saraï de donner naissance à un enfant à l'âge de quatre-vingt-neuf ans étaient pratiquement nulles.

Dieu apparut alors à Abram et réitéra la promesse qu'il lui avait faite depuis vingt-quatre ans. Il dit à Abram : « Je suis le Dieu Tout-Puissant [ *El Shaddaï* ] ; marche devant moi et sois intègre. Je confirmerai mon alliance entre moi et toi, et je multiplierai ton nombre » (Genèse 17:1-2).

Abram tomba sur sa face. Dieu lui dit : « Tu ne seras plus appelé Abram ; ton nom sera Abraham [qui signifie « père d'une multitude »], car je fais de toi le père d'une multitude de nations. […] J'établirai mon alliance entre moi et ta descendance après toi, comme une alliance éternelle. » (Genèse 17:5, 7)

Après avoir expliqué les termes de l'alliance, Dieu dit à Abraham : « Quant à Saraï, ta femme, tu ne l'appelleras plus Saraï ; son nom sera Sara [qui signifie « princesse »]. Je la bénirai, et je te donnerai d'elle un fils. Je la bénirai, et elle deviendra mère de nations ; des rois de peuples sortiront d'elle » (Genèse 17:15-16).

Abraham se mit à rire en lui-même et se dit : « Un fils naîtrait-il à un homme de cent ans ? Et Sara, à quatre-vingt-dix ans, aurait-elle un enfant ? » Abraham dit à Dieu : « Si seulement Ismaël pouvait vivre sous ta bénédiction ! » (Genèse 17:17-18).

Dieu répondit : « Oui, mais Sara, ta femme, t'enfantera un fils, et tu l'appelleras Isaac. J'établirai mon alliance avec lui comme une alliance éternelle pour sa descendance après lui. » (Genèse 17:19)

## 5. Rien n'est trop difficile pour Dieu

Peu de temps après, l'Éternel apparut de nouveau à Abraham et lui dit : « Je reviendrai certainement vers toi à cette même époque l'année prochaine, et Sara, ta femme, aura un fils » (Genèse 18:10). Sara écoutait à l'entrée de la tente derrière lui. Elle rit en elle-même et se dit : « Maintenant que je suis épuisée et que mon maître est vieux, est-ce que je pourrai encore jouir de ce plaisir ? » (Genèse 18:12).

Sachant ce que pensait Sara, l'Éternel dit à Abraham : « Pourquoi Sara a-t-elle ri et dit : Est-ce que j'aurai un fils, moi qui suis vieille ? Y a-t-il rien qui soit difficile à l'Éternel ? Je reviendrai vers toi à la même époque, et Sara aura un fils. » (Genèse 18:13-14)

Dieu fit pour Sarah ce qu'il avait promis. Abraham avait cent ans lorsque Sarah donna naissance à un fils, et Abraham l'appela Isaac. Même si Sarah était trop vieille pour avoir un enfant par voie naturelle, *El Shaddai* donna la vie à son ventre mort. *El Shaddai* n'est pas limité par les lois de la nature qu'il a créée.

Avez-vous un problème pour lequel il semble n'y avoir aucune solution ? Vous attendez depuis des années que Dieu accomplisse ses promesses ? Ne désespérez pas. *El Shaddai* met peut-être votre foi à l'épreuve.

## 6. *El Shaddai* , le Dieu de la nourriture

Même si le sens premier du mot Shaddai est « Tout-Puissant », il existe une signification secondaire à ce nom. Le mot hébreu shad signifie « sein ». Cela signifie que Dieu Tout-Puissant est capable de nous nourrir comme une mère nourrit son bébé. Il ouvre les fenêtres du ciel et déverse des bénédictions matérielles et spirituelles.

El Shaddai n'est pas le Dieu de l'épée qui utilise sa puissance pour détruire. Il est le Dieu qui utilise sa puissance pour calmer les mécontents et pour nourrir et fortifier son peuple. Il est le Dieu généreux, aimant, généreux et sacrificiel qui se donne à vous et à moi. Il se donne à nous comme nous nous donnons à lui.

Lorsque Jacob était mourant, il rassembla ses fils autour de son lit et bénit chacun d'eux. Il fit aussi des prédictions sur leur avenir. Il dit à Joseph : « Les archers l'attaquèrent avec amertume, ils tirèrent contre lui avec hostilité. Mais son arc resta ferme, ses bras demeurèrent souples, à cause de la main du Puissant de Jacob, … à cause du Dieu de ton père [ El ] qui te vient en aide, à cause du Tout-Puissant [ Shaddaï ] qui te bénit des cieux en haut, des abîmes en bas, des mamelles [ shad ] et des entrailles » (Genèse 49:23-25).

Le prophète Isaïe utilise également le mot « sein » en référence aux bénédictions de Dieu sur Jérusalem. Il écrit : « Réjouissez-vous avec Jérusalem, soyez dans l'allégresse à cause d'elle, vous tous qui l'aimez » (Isaïe 66:10). « Car tu seras allaité et rassasié de son sein réconfortant [ shad ], tu boiras à profusion et tu te délecteras de son abondance » (Isaïe 66:11). « Tu seras allaité et porté sur ses bras, dorloté sur ses genoux. Comme une mère console son enfant, ainsi je te consolerai » (Isaïe 66:12-13).

Dans le monde antique, il existait de nombreux dieux et déesses de la fertilité. Les fidèles croyaient que ces dieux et déesses pouvaient envoyer la pluie sur la terre et faire pousser les cultures, qu'ils pouvaient rendre fertiles les femmes stériles et permettre la reproduction du bétail et d'autres animaux. Mais ces idoles ne pouvaient rien pour les gens.

El Shaddai, en revanche, est capable de donner la vie à des utérus stériles, de remplir de lait des seins secs et d'allaiter des bébés. Il est le Dieu Tout-Puissant qui pourvoit à nos besoins. Il est capable de nous réconforter et de nous nourrir dans les moments difficiles. Pouvez-vous imaginer la joie qu'Abraham et Sarah ont ressentie lorsque Dieu a répondu à leurs désirs les plus profonds en leur donnant un fils ? Dieu peut faire des choses qui sont humainement impossibles.

### 7.  La responsabilité d'Abraham envers l'alliance

Dieu promit de donner à Abraham et à Sara un fils, de leur donner une descendance nombreuse et de bénir toutes les familles de la terre par la descendance d'Abraham. En échange, Abraham devait marcher devant Dieu et être irréprochable (Genèse 17:1).

Dieu s'attend à ce que son peuple soit différent des gens du monde. Il nous appelle à sortir d'un monde de péché pour vivre une vie pure et sainte devant lui. Il veut que nous soyons comme lui, où que nous soyons : à la maison, à l'école, au travail, dans les réunions d'affaires, dans le culte, dans les jeux, n'importe où et partout. Il dit : « Sortez du milieu d'eux, et séparez-vous ; ne touchez à rien d'impur, et je vous accueillerai. Je serai pour vous un père, et vous serez pour moi des fils et des filles, dit le Seigneur tout-puissant » (2 Corinthiens 6:17-18).

Le secret d'une marche avec Dieu est de comprendre qui il est. Le secret est de croire qu'El *Shaddai* est capable de nous nourrir, de prendre soin de nous et de nous élever au-dessus de la pollution morale et politique du monde. Lorsque nous mettons notre confiance en lui, nous trouvons une paix qui dépasse l'entendement. Un cœur agité, anxieux et craintif est un signe certain que nous n'avons pas encore mis notre confiance en lui. Comme un enfant trouve la paix dans les bras de sa mère, notre âme trouve le repos dans les bras d'*El Shaddai* . Lorsque nous croyons vraiment qu'El *Shaddai* est capable de tenir ses promesses et de nous nourrir spirituellement, nous ne nous inquiéterons ni d'aujourd'hui ni de demain.

En nous abandonnant à Dieu Tout-Puissant, il nous transforme à son image. Plus nous devenons semblables à lui, plus nous nourrissons les autres. Par sa puissance, nous sommes capables de tendre l'autre joue quand on nous gifle et de faire un deuxième kilomètre quand on nous le demande (Matthieu 5:39-41). Dieu nous donne la force d'aider les démunis et de reproduire sa nature aimante, généreuse et sacrificielle. Dieu bénit et nourrit les gens qui marchent avec lui et font ce qui est juste.

**Conclusion**

Avez-vous découvert *El Shaddai,* votre Dieu tout-puissant ? Êtes-vous prêt à cesser de vous concentrer sur vos faiblesses et à commencer à vous concentrer sur le pouvoir illimité de Dieu pour bénir et nourrir ? Si vous êtes prêt à marcher dans ses voies, *El Shaddai* est prêt à faire des choses merveilleuses, étonnantes et merveilleuses dans votre vie.

Selon les paroles d'un chant spirituel populaire : « Quand je suis à terre, il me relève. Quand je suis à sec, il remplit ma coupe. Il est mon tout en tout. »

## VI.    Yahweh yireh,  le seigneur qui pourvoit

Isaac était la joie et l'amour d'Abraham pendant sa vieillesse. Le nom *Isaac* signifie « rire » et Isaac a certainement fait rire chaleureusement ses parents âgés lorsqu'ils le regardaient grandir, lorsqu'ils riaient avec lui, l'embrassaient et lui enseignaient les voies de Dieu.

Puis, un jour, l'impensable se produisit. Dieu mit à nouveau à l'épreuve la foi d'Abraham. Il dit : « Prends ton fils, ton unique, celui que tu aimes, Isaac, et va dans la région de Morija. Là, tu l'offriras en holocauste sur l'une des montagnes que je te dirai » (Genèse 22:2). Selon l'historien Josèphe, Isaac avait alors vingt-cinq ans. Abraham en avait donc 125.

### 1.  La réponse d'Abraham

Pouvez-vous imaginer la douleur émotionnelle qu'Abraham a ressentie et les pensées contradictoires qui lui traversaient l'esprit ? Isaac était le fils qu'il avait attendu si longtemps, le fils par lequel il devait avoir une multitude de descendants, le fils par lequel toutes les familles de la terre seraient bénies. Comment Dieu pouvait-il demander à Abraham de tuer son fils Isaac et de l'offrir en holocauste ?

On aurait pu s'attendre à ce qu'Abraham discute avec Dieu ou qu'il temporise le plus longtemps possible. Mais la foi d'Abraham était si forte qu'il obéit à Dieu sans hésitation. Le lendemain matin, Abraham se leva de bon matin, sella son âne, coupa du bois et partit, emmenant avec lui deux de ses serviteurs et son fils Isaac (Genèse 22:3).

## 2. Le drame se déroule.

Le mont Moriah se trouvait à plus de quatre-vingts kilomètres au nord de Beer-Shéba. Le troisième jour, Abraham leva les yeux et vit le mont Moriah. C'était la montagne dont Dieu lui avait parlé. Abraham dit à ses serviteurs : « Restez ici avec l'âne pendant que moi et le garçon nous irons là-bas. [Dans l'ancien Moyen-Orient, les hommes étaient considérés comme des garçons jusqu'à l'âge de trente ans.] Nous adorerons, puis nous reviendrons vers toi » (Genèse 22:5).

Dans le Nouveau Testament, nous apprenons ce que pensait Abraham. Abraham croyait que Dieu ressusciterait Isaac d'entre les morts (Hébreux 11:19). Abraham dit à ses serviteurs : « Isaac et moi, nous monterons sur cette montagne et nous reviendrons tous les deux. »

Abraham mit le bois sur les épaules d'Isaac, qui portait lui-même le couteau du sacrifice et l'encensoir rempli de feu. Comme ils montaient la montagne, Isaac dit : « Père ! »

Abraham répondit : « Oui, mon fils. »

Isaac dit : « Le feu et le bois sont là, mais où est l'agneau pour l'holocauste ? » (Genèse 22:7).

Abraham répondit : « Dieu lui-même pourvoira à l'agneau pour l'holocauste, mon fils » (Genèse 22:8). Et les deux hommes continuèrent leur marche vers la montagne. Soulignons la déclaration d'Abraham : « Dieu pourvoira ».

D'où Abraham tira-t-il la force de gravir cette montagne, avec l'intention de tuer son fils et de l'offrir en holocauste à Dieu ? Elle lui vint de la foi en Dieu, qui s'était révélé à travers ses noms. Abraham savait qu'Elohim , le Dieu de la création, conclut des alliances avec son peuple et tient ses promesses. Abraham savait qu'El *Elyon,* le Dieu Très-Haut, prend soin de ceux qui lui font confiance. Abraham savait qu'El *Shaddai*, le Dieu tout-puissant et tout-suffisant, a le pouvoir et le cœur de nourrir et de fortifier ses enfants. Abraham croyait que *Yahweh Yireh* (Ye reh') est le Dieu qui pourvoit. Abraham tira sa force de sa connaissance de Dieu.

### 3.  Le sacrifice sur le mont Moriah

Lorsque Abraham et Isaac arrivèrent au lieu que Dieu avait désigné, Abraham bâtit un autel et y déposa du bois. Puis il lia son fils et le coucha sur le bois.

Isaac a dû consentir à cela. Sinon, Abraham n'aurait pas pu vaincre son fils. Comme nous l'avons noté, Abraham avait probablement 125 ans et Isaac 25 ans, au sommet de sa force physique. Il semble qu'Isaac partageait la foi de son père et croyait que Dieu le ressusciterait s'il mourait sur l'autel.

Alors qu'Abraham s'apprêtait à prendre le couteau pour tuer son fils, l'ange du Seigneur l'appela : « Abraham ! Abraham ! »

« Me voici », dit Abraham.

« Ne porte pas la main sur l'enfant, dit l'ange de l'Éternel, ne lui fais rien. Maintenant, je sais que tu crains Dieu, car tu ne m'as pas refusé ton fils, ton unique. » (Genèse 22:10-12)

Abraham leva les yeux et vit dans le buisson un bélier retenu par les cornes. Il s'approcha, prit le bélier et le sacrifia sur l'autel à la place de son fils (Genèse 22:13). Il appela ce lieu *Yahweh Yireh*, ce qui signifie « l'Éternel pourvoit » (Genèse 22:14).

Depuis ce jour-là, on dit : « Sur la montagne de *Yahweh*, il sera pourvu. »

C'est sur le mont Moriah que Dieu a fourni un bélier pour le sacrifice d'Abraham. Et c'est sur le mont Moriah que Dieu a fourni un agneau qui enlèverait le péché du monde.

Le mot *Yireh* peut également être traduit par « apparaître ». C'est là, sur le mont Moriah, que Dieu se manifesterait au monde.

### 4.  La récompense d'Abraham

L'ange de l'Éternel appela Abraham une seconde fois et lui dit : « Je jure par moi-même, dit l'Éternel, que parce que tu as agi ainsi et que tu ne t'es pas refusé à ton fils, je te bénirai et je rendrai ta descendance aussi nombreuse que les étoiles du ciel et comme le sable qui est au bord de la mer… et toutes les nations de la terre seront bénies en ta descendance, parce que tu m'as obéi. » (Genèse 22:15-18)

La véritable foi en Dieu se révèle à travers l'obéissance. Dans le Nouveau Testament, nous lisons que « la foi en elle-même, si elle n'est pas accompagnée d'actes, est morte » (Jacques 2:17). Autrement dit, la simple croyance intellectuelle en l'existence de Dieu est vaine et sans vie si elle ne nous conduit pas à l'obéissance. Même les démons croient en Dieu et tremblent (Jacques 2:19). La foi vivante d'Abraham en Dieu s'est manifestée par l'obéissance, et Dieu l'a récompensé.

### 5. Abraham retourne à Beersheba.

Après qu'Abraham eut offert le bélier sur le mont Moriah, lui et Isaac redescendirent de la montagne pour rejoindre les deux serviteurs. Puis ils retournèrent tous chez eux à Beersheba. Nous pouvons être sûrs que les événements partagés par Abraham et Isaac sur le mont Moriah ont créé un lien plus profond, plus fort et plus spirituel entre eux – un lien d'amour et de bonheur qui a duré aussi longtemps qu'Abraham a vécu.

À Beer-Shéba, Abraham apprit que la femme de Bethuel, son neveu de Haran, avait donné naissance à une fille qu'elle avait appelée Rebecca. Cette fille était destinée à devenir la femme d'Isaac.

Pourquoi cette généalogie suit-elle immédiatement l'histoire qui nous présente *Yahweh Yireh* ? La réponse apparente est que *Yahweh Yireh* a non seulement fourni un bélier à Abraham sur le mont Moriah, mais il a également fourni une femme à Isaac. Par elle, toutes les familles de la terre seraient bénies.

### 6. La leçon

Que pouvons-nous apprendre de cette histoire de *Yahweh Yireh* ? D'une part, Dieu se révèle souvent, révèle sa nature et son caractère au milieu des crises humaines. C'est lors de la crise du sauvetage de Lot de Kedorlaomer que Dieu s'est révélé comme *El Elyon,* le Dieu Très-Haut. C'est lors de la crise de doute d'Abram quant à la possibilité d'avoir un fils que Dieu s'est révélé comme *El Shaddai*, le Dieu nourricier et Tout-Puissant. C'est lors de la crise d'Abraham sur le mont Moriah que Dieu s'est révélé comme *Yahweh Yireh* , le Dieu qui pourvoit.

Aujourd'hui encore, nous découvrons qui est Dieu alors que nous traversons des difficultés, des chagrins et des épreuves. Lorsque nous sommes malades et sur le point de mourir, nous levons les yeux vers Dieu. Lorsque nous sommes dans un profond désespoir et que nous implorons de l'aide, Dieu descend dans le gouffre et nous relève. Lorsque nous perdons un être cher et que nous sommes accablés de chagrin, Dieu est là pour nous apporter réconfort et force. Lorsque nous faisons de mauvais choix, que nous gâchons notre vie et que nous sommes accablés de culpabilité, Dieu est là pour nous pardonner lorsque nous nous repentons. Lorsque nous perdons notre emploi et notre maison, et que nous ne pouvons pas payer les factures ou acheter de la nourriture pour la famille ou des médicaments pour les enfants, nous crions : « S'il te plaît, aide-moi, Dieu ! » Et le Seigneur entend notre cri et pourvoit à nos besoins de manière inattendue si nous avons confiance et obéissons.

### 7. Le Dieu qui voit

Le mot hébreu Yireh peut aussi être traduit par « voir ». Il existe un lien entre « voir » et « provision ». Le mot français « provision » vient du latin provisio , qui signifie « prévoir ». Ainsi, « provision » signifie « voir à l'avance ». Dieu a vu à l'avance qu'Abraham aurait besoin d'un animal pour son sacrifice, et il a pourvu à un bélier. Dieu prévoit nos besoins, et il y pourvoit.

Deux mille ans après qu'Abraham eut appris à faire confiance à Yahweh Yireh , Jésus dit : « Je vous le dis, ne vous inquiétez pas pour votre vie de ce que vous mangerez, ni pour votre corps de quoi vous serez vêtus » (Matthieu 6:25). « Regardez les oiseaux du ciel : ils ne sèment ni ne moissonnent, et ils n'amassent pas dans des greniers ; et votre Père céleste les nourrit. Ne valez-vous pas beaucoup plus qu'eux ? » (Matthieu 6:26). « Et pourquoi vous inquiétez-vous au sujet du vêtement ? Voyez comment croissent les lis des champs : ils ne travaillent ni ne filent. Et pourtant, je vous dis que Salomon même, dans toute sa splendeur, n'a pas été habillé comme l'un d'eux. Si Dieu habille ainsi l'herbe des champs, qui est là aujourd'hui et qui demain sera jetée au feu, ne vous vêtira-t-il pas à plus forte raison, gens de peu de foi ? » (Matthieu 6:28-30).

« Ne vous inquiétez donc pas et ne dites pas : Que mangerons-nous ? Que boirons-nous ? De quoi serons-nous vêtus ? Car toutes ces choses, les païens les recherchent ; et votre Père céleste sait que vous en avez besoin. Cherchez premièrement le royaume et la justice de Dieu ; et toutes ces choses vous seront données par-dessus. » (Matthieu 6:31-33)

Yahweh Yireh  voit à nos besoins, et lorsque nous nous soumettons à sa loi et recherchons sa justice, il pourvoit à nos besoins. Il nous donne tout ce dont nous avons besoin.

### 8.  La foi en *Yahweh* Yireh est un remède contre l'anxiété.

Êtes-vous anxieux ? Vous inquiétez-vous de votre emploi ? De vos investissements ? De votre fonds de retraite ? De votre apparence extérieure ? De votre statut dans la communauté ? De l'éducation de vos enfants ? De vos relations avec les autres ? De votre pays ? De la nourriture, des vêtements et du logement ? De la maladie ? De la mort et du décès ? Alors, soumettez-vous à la règle de Dieu et faites-lui confiance pour subvenir à vos besoins.

L'apôtre Paul a écrit : « Dieu peut vous combler de toutes sortes de grâces, afin que, possédant toujours à tous égards de quoi satisfaire à tous vos besoins, vous ayez encore en abondance pour toute bonne œuvre » (2 Corinthiens 9:8).

Paul a également écrit : « Ne vous inquiétez de rien, mais en toute chose faites connaître vos besoins à Dieu par des prières et des supplications, avec des actions de grâces. Et la paix de Dieu, qui surpasse toute intelligence, gardera vos cœurs et vos pensées… » (Philippiens 4:6-7). « Et le Dieu de paix sera avec vous » (Philippiens 4:9).

Paul écrit encore : « Dieu peut vous combler de toutes sortes de grâces, afin que, possédant toujours à tous égards de quoi satisfaire à tous vos besoins, vous ayez encore en abondance pour toute bonne œuvre » (2 Corinthiens 9:8).

### Conclusion

Lorsque nous connaîtrons Dieu comme *Yahweh Yireh* et que nous lui ferons suffisamment confiance pour obéir à ses commandements, nous expérimenterons la paix intérieure qui ne vient que du fait de savoir qui est Dieu.

Lorsque nous croyons vraiment que Dieu est *Yahweh Yireh*, le Dieu qui voit et le Dieu qui pourvoit, nous placerons les choses que nous aimons le plus sur l'autel et les sacrifierons à Dieu. Une fois que nous aurons fait cela, nous serons libérés de l'esclavage des choses de ce monde et nous pourrons vivre une vie paisible, sans souci ni peur, confiants que *Yahweh Yireh* pourvoira à nos besoins comme il l'a fait pour Abraham.

## VII.   Yahweh rophe, le seigneur qui guerit

L'événement le plus dramatique de l'Ancien Testament est l'Exode. Après la dixième plaie envoyée par Dieu sur l'Égypte, Pharaon convoqua Moïse et lui dit : « Lève-toi, quitte mon peuple, toi et les Israélites ! Va, adore l'Éternel comme tu l'as demandé » (Exode 12:31). À ce moment-là, le peuple égyptien était impatient de voir les Israélites quitter le pays.

Moïse et environ deux millions de personnes quittèrent l'Égypte et se dirigèrent vers l'est, jusqu'à la mer Rouge. « Après avoir quitté Succoth, ils campèrent à Étham, à l'extrémité du désert. L'Éternel marchait devant eux le jour dans une colonne de nuée pour les guider dans leur chemin, et la nuit dans une colonne de feu pour les éclairer, afin qu'ils puissent marcher de jour comme de nuit » (Exode 13:20-21).

Alors Pharaon changea d'avis et dit : « Qu'avons-nous fait ? Nous avons laissé partir les Israélites et nous avons perdu leur service ! » (Exode 14:5).

## 1. Pharaon poursuit *les* Israélites

Pharaon ordonna à ses serviteurs de préparer son char pour la bataille. Puis, lui et son armée se lancèrent à la poursuite des esclaves en fuite. Lorsque les Israélites levèrent les yeux et virent Pharaon venir vers eux avec plus de 600 chars et une armée marchant derrière eux, ils furent terrifiés. Ils étaient coincés entre l'armée égyptienne et la mer Rouge, et il semblait qu'il n'y avait aucune issue.

Les Israélites crièrent à l'Éternel, et dirent à Moïse : « Est-ce parce qu'il n'y avait pas de sépulcre en Égypte que tu nous as fait mourir dans le désert ? Que nous as-tu fait en nous faisant sortir d'Égypte ? Ne t'avions-nous pas dit en Égypte : Laisse-nous servir les Égyptiens ? Mieux valait pour nous servir les Égyptiens que de mourir dans le désert ! » (Exode 14:11-12).

Moïse dit au peuple : « N'ayez pas peur, restez fermes, et vous verrez la délivrance que l'Éternel va vous accorder aujourd'hui. » (Exode 14:13)

L'Éternel dit à Moïse : « Parle aux Israélites, lève ton bâton et étends ta main sur la mer pour en fendre les eaux, afin que les Israélites puissent traverser la mer à sec » (Exode 14:15-16).

La nuée se déplaçait derrière les Israélites et se plaçait entre eux et les Égyptiens, les séparant pendant la nuit. La nuée éclairait les Israélites mais plongeait les Égyptiens dans l'obscurité.

## 2. L'Exode

Moïse étendit sa main sur la mer, et la mer s'ouvrit. L'Éternel envoya un vent d'orient qui souffla fort toute la nuit, et au matin, le passage de la mer était à sec. « Les eaux se fendirent, et les Israélites traversèrent la mer à sec, avec une muraille d'eau à leur droite et à leur gauche » (Exode 14:21-22).

Les Egyptiens firent une erreur stupide : ils suivirent les Israélites dans la mer. L'Eternel sema la confusion parmi eux, et ils furent pris de panique. Il fit tomber les roues des chars. Les Egyptiens se dirent les uns aux autres : « Éloignons-nous des Israélites, car l'Eternel combat pour eux » (Exode 14:25).

Après que Moïse et le peuple eurent traversé la mer, l'Éternel dit à Moïse : « Étends ta main sur la mer. » Moïse étendit la main, et les eaux reprirent leur cours normal. Les Égyptiens tentèrent de s'enfuir, mais les eaux recouvrirent les chars, les cavaliers et l'armée égyptienne qui avait suivi les Israélites dans la mer. Aucun d'eux ne survécut (Exode 14:28).

Où les Israélites ont-ils traversé la mer Rouge ? En 1978, Ron Wyatt a découvert des ossements humains, un sabot de cheval et plusieurs roues de char avec moyeux et essieux, tous recouverts de corail, au fond du golfe d'Akaba, juste à l'est d'une plage de sable appelée « Nuweiba ». Le nom original de la ville construite sur la plage de Nuweiba était « Nuwaybai al Muzayyira », ce qui signifie « les eaux de l'ouverture de Moïse ». Un pilier de pierre sur la rive est contenait les noms hébreux de Moïse, Yahweh, Pharaon, l'Égypte et la Mort.

### 3.  La célébration

En voyant la puissance de Dieu déployée, les Israélites craignirent le Seigneur et mirent leur confiance en lui et en Moïse, son serviteur (Exode 14:31).

Moïse et les Israélites chantèrent alors un cantique de louanges à *Yahweh* : « Je chanterai à l'Éternel, car il est souverainement élevé. Il a précipité dans la mer le cheval et son cavalier. L'Éternel est ma force et le sujet de mes louanges ; il est mon salut. Il est mon Dieu, et je le louerai ; il est le Dieu de mon père, et je l'exalterai » (Exode 15:1-2). « Qui est comme toi ? Magnifique en sainteté, redoutable en gloire, accomplissant des prodiges ? » (Exode 15:11).

Marie, la sœur de Moïse, prit son tambourin et entraîna les autres femmes à jouer du tambourin et à danser. Marie leur chanta : « Chantez à l'Éternel, car il est souverainement élevé. Il a précipité dans la mer le cheval et son cavalier » (Exode 15:21).

### 4.  Les eaux de **Marah**

Après avoir quitté la mer Rouge, le nuage conduisit le peuple vers le désert de Shur, et ils marchèrent pendant trois jours sans trouver d'eau. À la fin du troisième jour, le peuple et leurs animaux étaient désespérément assoiffés. Puis quelqu'un aperçut une mare d'eau.

Pouvez-vous imaginer la joie et l'excitation ressenties par les gens lorsqu'ils s'approchèrent de l'oasis ? Et pouvez-vous imaginer leur colère et leur déception lorsqu'ils découvrirent que l'eau était si amère qu'ils ne pouvaient pas la boire ? Ils appelèrent cet endroit « Marah », ce qui signifie « amère ».

Comment le peuple a-t-il réagi face à l'eau amère ? Ils se sont plaints à Moïse en disant : « Que boirons-nous ? » (Exode 15:24). En d'autres termes : « Vas-tu nous laisser mourir de soif ? »

Trois jours plus tôt, le peuple avait chanté des louanges à Dieu en musique et en dansant. Ils avaient vu la puissance impressionnante de Dieu se manifester en Égypte lorsque Dieu avait envoyé des fléaux dévastateurs sur le pays tout en les protégeant du mal. Ils avaient été témoins de l'un des plus grands miracles de tous les temps lorsqu'ils avaient traversé la mer Rouge à pied sec. Ils avaient vu Dieu semer la confusion dans l'armée égyptienne, qui avait poursuivi les Israélites dans la mer et s'était noyée. Comment pouvaient-ils douter que Dieu prendrait soin d'eux ? En trois jours, ils avaient eu soif et avaient oublié tous les puissants miracles que Dieu avait accomplis en leur faveur. Au lieu de faire confiance à Dieu, ils se sont plaints et ont blâmé Moïse.

Aujourd'hui, les gens oublient encore Dieu et se plaignent lorsque leurs besoins physiques ne sont pas satisfaits.

A Mara, Moïse cria à l'Eternel, et l'Eternel lui dit de jeter un arbre dans l'eau. Lorsque Moïse jeta l'arbre dans l'eau, l'eau devint douce et le peuple put boire jusqu'à ce que sa soif soit étanchée. Dieu avait rendu l'eau saine.

## 5. Un moment propice à l'enseignement de Dieu

A Mara, Dieu mit son peuple à l'épreuve et se servit de leur échec pour leur donner une leçon. Il leur dit : « Si tu écoutes attentivement la voix de l'Éternel, ton Dieu, si tu fais ce qui est droit à ses yeux, si tu prêtes l'oreille à ses commandements et si tu observes toutes ses lois, je ne ferai venir sur toi aucune des maladies dont j'ai fait venir sur les Égyptiens, car je suis l'Éternel, qui vous guérit » (Exode 15:26). Je suis *Yahweh Rophe*.

À Mara, le peuple apprit que *Yahweh* est le Seigneur qui guérit. *Yahweh Rophe* est le septième nom de Dieu dans la Bible. De l'expérience amère d'Israël est né un nouveau nom de Dieu qui apporte réconfort et paix. *Yahweh Rophe* guérit ceux qui écoutent sa voix et font ce qui est droit à ses yeux.

L'ordre dans lequel les noms de Dieu apparaissent dans la Bible est significatif. Ces noms représentent une révélation progressive de qui est Dieu. Le nom *Yahweh Rophe* (Roph e´) nous donne un nouvel aperçu de la nature et du caractère de Dieu. Il est le Dieu qui guérit. Ce nom fournit une autre facette du diamant spirituel qui scintille et reflète les diverses qualités de Dieu.

Le mot *rophe* apparaît plus de soixante fois dans l'Ancien Testament et signifie toujours « guérir », « guérir » ou « restaurer ». Parfois, il fait référence à la guérison physique, et d'autres fois, il fait référence à la guérison morale ou spirituelle.

Lorsqu'un être cher tombe gravement malade, nous prions Dieu de le guérir. Nous nous tournons également vers les médecins, les agents de guérison choisis par Dieu. La plupart des médecins admettent volontiers qu'ils n'ont pas le pouvoir de guérir, que la guérison est le fait de quelque chose ou de quelqu'un qui les dépasse. Beaucoup reconnaissent le pouvoir de guérison de Dieu.

*Yahweh* est la source de la guérison physique et spirituelle. Il est le seul à pouvoir adoucir les expériences amères de la vie. Dieu nous rencontre au milieu de nos épreuves et se révèle comme le Guérisseur.

## 6. Que faisait Dieu à Mara ?

Pourquoi Dieu a-t-il conduit les Israélites vers des eaux amères ? Pourquoi n'a-t-il pas adouci l'eau avant l'arrivée du peuple ? Il avait certainement le pouvoir de le faire.

A en juger par leur comportement, un esprit d'amertume avait infecté les Israélites, et cet esprit d'amertume avait besoin d'être adouci. En Egypte, ils avaient été réduits en esclavage, humiliés et maltraités. Puis, Moïse était venu les libérer. Mais au lieu de les libérer, Pharaon avait doublé leur charge de travail et leur avait rendu la vie encore plus misérable que jamais.

Nous avons vu l'amertume des Israélites lorsqu'ils ont vu l'armée de Pharaon s'avancer vers eux. Ils ont crié à Dieu et ont accusé Moïse de les avoir emmenés dans le désert pour y mourir.

Cet esprit amer a de nouveau fait son apparition aux eaux de Mara. L'eau amère de Mara était le reflet de l'amertume de leur âme. Dieu s'est servi de cette expérience pour leur enseigner qu'il pouvait guérir leur amertume et adoucir leur tempérament comme il avait adouci l'eau de l'oasis. À Mara, ils ont appris qu'ils pouvaient lui faire confiance. Ou l'ont-ils fait ?

## 7. Le pouvoir destructeur de l'amertume

L'amertume gâche la joie de vivre. Elle nous rend dysfonctionnels. Elle déforme notre façon de penser, détruit nos relations, entrave notre adoration et nous prive de bonheur. Une personne amère est une personne misérable. Aux eaux de Marah, nous apprenons que Dieu vient à nous au milieu de nos échecs pour nous donner de l'espoir et la guérison. À notre Marah, Dieu nous met à l'épreuve et nous enseigne que nous pouvons lui faire confiance pour guérir nos blessures.

L'amertume naît généralement d'une déception, d'un abus ou d'un mauvais traitement. Les Israélites avaient connu toutes ces choses. Une crise dans votre vie a-t-elle semé des graines d'amertume dans votre cœur ? Un parent vous a-t-il battu, abusé sexuellement ou abandonné alors que vous étiez enfant ? Votre mari ou votre femme vous a-t-il quitté pour un autre amant ? Avez-vous vécu un divorce difficile, une faillite dévastatrice ou un procès désagréable ? Avez-vous perdu un être cher à cause d'une crise cardiaque, d'un cancer ou d'un accident ? Avez-vous été faussement accusé et reconnu coupable d'un crime que vous n'avez pas commis, et condamné à une peine de prison ? Ou avez-vous été gravement blessé sur le champ de bataille – mutilé et marqué à vie – puis abandonné par la société ? Avez-vous crié à Dieu dans votre détresse et senti qu'il ne vous écoutait pas ?

Si c'est le cas, vous avez un esprit blessé et Dieu connaît votre douleur. Il comprend et il veut vous guérir afin que vous puissiez vivre une vie normale et saine. Mais il a besoin de votre coopération. Si vous écoutez ce qu'il dit, si vous mettez votre confiance en lui et si vous faites ce qui est juste à ses yeux, il purgera l'amertume de votre âme et la remplacera par l'amour, la joie, la paix et le bonheur. Il est *Yahweh Rophe*, le Seigneur qui guérit.

## 8.  Avons-nous besoin d'être guéris ?

Il est difficile d'être honnête sur de telles questions, mais il est sage de se demander : « Ai-je besoin d'être guéri ? Ai-je un esprit impitoyable envers quelqu'un qui m'a blessé ? Est-ce que je blâme Dieu pour les mauvaises choses qui me sont arrivées ? Ai-je eu recours à la drogue ou à l'alcool pour soulager ma douleur ? Suis-je devenu accro au sexe dans un effort pour échapper à mon malheur et trouver l'amour qui me manque ? »

Dieu nous dit : Je suis Yahweh Rophe, je vais vous aider à vous débarrasser de votre amertume. Elle ruine votre vie. Elle détruit votre mariage et déchire votre famille. Si vous ne vous débarrassez pas de votre amertume, elle vous suivra dans la tombe. Je suis ici pour vous aider à retrouver la paix et la joie.

Le prophète Jérémie a écrit : « Je te guérirai, je panserai tes plaies, dit l'Éternel » (Jérémie 30:17). Dieu a dit par l'intermédiaire de son prophète Malachie : « Mais pour vous qui craignez mon nom, se lèvera le soleil de la justice, et la guérison sera sous ses ailes » (Malachie 4:2).

Dieu veut guérir nos blessures les plus douloureuses, nos souvenirs et nos déceptions. Il veut restaurer notre âme et nous donner la victoire sur nos addictions. Il veut nous rendre à nouveau entiers.

Dieu nous propose de nous guider à travers notre souffrance vers une vie heureuse et saine. Il est *Yahweh Rophe*, le Grand Médecin, le Dieu qui guérit.

## VIII.  Yahweh m'kaddesh, le seigneur qui sanctifie

Moïse conduisit les Israélites des eaux de Mara à Élim, où il y avait douze sources d'eau douce et soixante-dix palmiers. Le peuple campa donc là, près des eaux.

Plus tard, ils quittèrent Élim et entrèrent dans le désert de Sin. De nouveau, les Israélites murmurèrent contre Moïse et son frère Aaron. Ils dirent : « Si seulement nous étions morts par la main de l'Éternel en Égypte ! Là, nous étions assis autour de marmites de viande et nous mangions à volonté. Mais vous nous avez fait sortir dans ce désert pour faire mourir de faim toute cette assemblée » (Exode 16:3).

Les Israélites n'avaient toujours pas compris la leçon. Après avoir vu la puissance surnaturelle de Dieu se manifester à maintes reprises, ils ne lui faisaient toujours pas confiance pour subvenir à leurs besoins. En réponse à leurs grognements et à leurs plaintes, Dieu leur a patiemment fourni de la nourriture. Ce soir-là, des cailles sont arrivées et ont recouvert le sol, et le peuple a mangé de la viande jusqu'à en être rassasié. Le lendemain matin, lorsque la rosée s'est évaporée, des flocons de pain sucré ont recouvert le sol. Lorsque le peuple a vu cela, ils se sont demandés les uns aux autres : « Qu'est-ce que c'est ? »

Moïse répondit : « C'est le pain que l'Éternel vous donne à manger. » Et le peuple appela ce pain « manne », ce qui signifie « qu'est-ce que c'est ? » La manne avait le goût d'une galette au miel.

### 1. À *Rephidim*

Après avoir erré dans le désert de Sin, Moïse et les Israélites campèrent à Rephidim. Mais il n'y avait pas d'eau à boire pour le peuple. Le peuple se querella avec Moïse et exigea qu'il leur donne de l'eau à boire. Ils dirent : « Pourquoi nous as-tu fait monter d'Égypte pour nous faire mourir de soif, nous, nos enfants et nos troupeaux ? » (Exode 17:3). Leurs murmures montraient qu'ils avaient déjà oublié que Dieu les avait fait traverser la mer Rouge à pied sec et avait noyé l'armée de Pharaon. Ils avaient oublié que Dieu leur avait donné de l'eau potable à Mara, et ils ignoraient le fait que Dieu leur donnait de la nourriture chaque jour. Ils demandèrent : « L'Éternel est-il au milieu de nous, ou n'y est-il pas ? » (Exode 17:7).

Moïse cria à l'Éternel, en disant : « Que ferai-je à ce peuple ? Ils sont sur le point de me lapider. » (Exode 17:4)

Dieu répondit : « Marche devant le peuple, prends dans ta main le bâton avec lequel tu as frappé le Nil, et marche. Je me tiendrai devant toi, près du rocher d'Horeb. Frappe le rocher, et il en sortira de l'eau, et le peuple la boira » (Exode 17:5-6).

Lorsque Moïse frappa le rocher, de l'eau jaillit. Il y avait assez d'eau pour subvenir aux besoins d'environ deux millions de personnes. Dieu essayait de rassurer les Israélites en leur disant qu'il prendrait soin d'eux. Il mit leur foi à l'épreuve, et une fois encore, ils échouèrent.

### 2. Les Amalécites *attaquent* le peuple

Pendant que le peuple campait à Rephidim, les Amalécites les attaquèrent sans provocation. Moïse dit à Josué : « Choisis parmi nous quelques hommes et va combattre les Amalécites. Demain, je me tiendrai au sommet de la colline, avec le bâton de Dieu à la main. » (Exode 17:9)

Le lendemain, Josué partit combattre les Amalécites, comme Moïse l'avait ordonné. Au même moment, Moïse, Aaron et Hur montèrent au sommet de la colline. Tant que Moïse leva les bras, les Israélites l'emportèrent. Mais lorsque Moïse baissa les bras, les Amalécites commencèrent à gagner le combat.

Moïse se sentit fatigué. Aaron et Hur lui apportèrent un rocher pour qu'il s'assoie dessus. Ils se placèrent de chaque côté de lui et lui tinrent les bras en l'air jusqu'au coucher du soleil. Ce jour-là, Dieu accorda à Josué et à ses hommes une victoire sur les Amalécites.

Moïse y construisit un autel et l'appela « L'Éternel est ma bannière » [ *Yahweh Nissi* ] (Exode 17:15). Le mot hébreu *Nissi* est traduit par « bannière », mais il signifie littéralement « briller ». *Nissi* est souvent traduit par « poteau » ou « étendard » dans l'Ancien Testament. Dans l'Antiquité, une bannière était souvent un poteau nu surmonté d'un ornement en métal qui brillait au soleil. Un tel étendard était utilisé au combat pour rallier les troupes et inspirer confiance, tout comme les drapeaux et les tambours ont été utilisés plus tard dans l'histoire. Le nom *Yahweh Nissi* révèle que *Yahweh* est le Dieu qui vainc les forces du mal. À Rephidim, la victoire appartenait à Dieu.

## 3.  Au Mont Sinaï

Quittant Rephidim, le peuple se dirigea vers le désert du Sinaï et campa au pied de la montagne.

Plus tard, Moïse monta plusieurs fois sur le mont Sinaï pour rencontrer le Seigneur. Là, il reçut les dix commandements et d'autres lois destinées à enseigner aux gens comment vivre correctement. Beaucoup de ces lois sont consignées dans le livre du Lévitique, souvent appelé « le livre de vie ». Sur la montagne, le Seigneur dit à Moïse : « Parle à toute l'assemblée d'Israël, et dis-leur : Soyez saints, car je suis saint, moi, l'Éternel, votre Dieu » (Lévitique 19:1-2).

Dieu ordonna à Moïse de dire au peuple : « Sanctifiez-vous et soyez saints, car je suis l'Éternel, votre Dieu. Observez mes lois et mettez-les en pratique. Je suis l'Éternel [ *Yahweh M'Kaddesh* ], qui vous sanctifie » (Lévitique 20:7-8). « Je suis l'Éternel, je vous sanctifie » (LSG).

Ces commandements de Dieu s'appliquent à nous autant qu'aux Israélites. Nous devons nous consacrer en nous détournant du mal et en nous consacrant à Dieu. Ensuite, Dieu nous sanctifie. Il nous purifie du péché et nous met à part pour son service.

## 4.  La signification de *M'Kaddesh*

*Yahweh M'kaddesh* (Muh Käd desh') est le huitième nom que Dieu a utilisé pour se révéler à nous. Ce nom apparaît six fois dans Lévitique 20 et 21. Le mot pour « sanctifier » apparaît 700 fois dans l'Ancien Testament et est traduit par « consacrer », « dédier » ou « mettre à part ». Être saint signifie être consacré à Dieu. Cela signifie être comme Dieu dans la pureté et le caractère.

Le nom *Yahweh M'Kaddesh* révèle que le Seigneur nous purifie du péché et nous sépare du mal. Aucun autre nom ne révèle plus clairement la nature et le caractère de Dieu, et aucun nom ne définit mieux ce que Dieu attend de son peuple.

## 5.  Dieu est saint.

La sainteté est la principale qualité de Dieu. Dieu est absolument pur et bon. Il n'y a pas de mal en lui. L'apôtre Jean a écrit : « Dieu est amour » (1 Jean 4:8). L'amour est au cœur de la nature de Dieu. Pourtant, l'amour de Dieu fait partie de sa sainteté. Nathan J. Stone cite un vieux théologien écossais qui a dit que la sainteté de Dieu est ce qui équilibre tous les autres attributs de la divinité. Le pouvoir sans sainteté mène à la cruauté. La connaissance sans sainteté mène à la ruse. La justice sans sainteté mène à la vengeance. Et l'amour sans sainteté mène à la sentimentalité.

Anne, la mère du prophète Samuel, a prié ainsi : « Il n'y a personne de saint comme l'Éternel, il n'y a personne d'autre que toi, il n'y a pas de rocher comme notre Dieu » (1 Samuel 2:2).

Le roi David, psalmiste, a prié : « Tu es intronisé comme le Saint » (Psaume 22:3).

Un autre psalmiste a dit : « Exaltez l'Éternel, notre Dieu, et prosternez-vous à son marchepied ! Il est saint » (Psaume 99:5).

Le Seigneur dit par l'intermédiaire d'Osée : « Je suis Dieu, et non un homme, le Saint parmi vous » (Osée 11:9).

Dans la vision d'Isaïe dans le temple, il vit le Seigneur assis sur son trône, très haut et élevé. Au-dessus de lui planaient des séraphins, chacun doté de six ailes. « Et ils s'appelaient les uns les autres : Saint, saint, saint est le Seigneur des armées célestes ! Toute la terre est pleine de sa gloire ! » (Isaïe 6:3).

La sainteté de Dieu le distingue de tous les faux dieux d'Égypte et de Canaan. Ces soi-disant dieux étaient des êtres dépravés qui se battaient entre eux et ne se souciaient que de leurs propres désirs et plaisirs. Les rites religieux associés à ces dieux n'étaient souvent guère plus que des orgies sexuelles. Les adorateurs de Moloch jetaient même leurs enfants au feu en guise de sacrifices humains.

En revanche, les yeux de Dieu sont trop purs et saints pour regarder le mal ou pour tolérer le mal (Habakuk 1:13).

## 6. Applications pratiques

Être sanctifié par Dieu signifie bien plus que d'avoir une nouvelle relation avec lui. Cela signifie également que nous participons à sa nature, à son caractère et à ses desseins. Cela signifie éviter le mal et faire le bien.

Lorsque nous examinons le contexte de Lévitique 20:6-8, où Dieu s'est révélé comme *Yahweh M'Kaddesh*, nous découvrons ce qu'est la sainteté. Dans Lévitique 19, nous apprenons que la sainteté consiste à éviter les péchés sexuels, l'idolâtrie et la sorcellerie. C'est faire preuve de respect envers nos parents et les personnes âgées. C'est être gentil avec les sourds, les aveugles et les étrangers. C'est aider les pauvres et les sans-pouvoir. C'est dire la vérité et être honnête les uns envers les autres. La sainteté, c'est aimer son frère et son prochain et laisser Dieu être celui qui se venge de nos ennemis. Être saint, c'est être comme Dieu dans l'amour, la patience, la pureté et le caractère.

Les normes morales de Dieu contrastent fortement avec celles de l'Égypte antique et de Canaan. Sur le mont Sinaï, Dieu dit à Moïse : « Parle aux Israélites et dis-leur : Je suis l'Éternel, votre Dieu. Vous n'agirez pas comme ils agissent en Égypte, où vous avez habité, et vous n'agirez pas comme ils agissent dans le pays de Canaan, où je vous fais entrer. Vous n'imiterez pas leurs pratiques » (Lévitique 18:2-3). Dieu énumère ensuite les choses qui se faisaient en Égypte et en Canaan et que son peuple doit éviter. Les hommes avaient des relations sexuelles avec leurs mères, leurs sœurs, leurs petites-filles, leurs tantes, leurs belles-filles, leurs belles-sœurs et les femmes de leurs voisins. Les hommes avaient des relations sexuelles avec d'autres hommes, et les hommes et les femmes avaient des relations sexuelles avec des animaux (Lévitique 18).

Les mêmes pratiques immorales sont courantes dans la société moderne. Le peuple de Dieu doit éviter la contamination du monde et avoir un cœur pur. Sinon, le Dieu saint nous vomira de sa bouche (Lévitique 18:28 ; Apocalypse 3:16). Nous ne pouvons pas avoir de communion avec le Dieu saint tout en suivant les normes immorales du monde. Dieu nous appelle à être saints comme il est saint. Il est *Yahweh M'Kaddesh,* le Dieu qui nous sanctifie, le Dieu qui nous rend saints comme il est saint.

### 7. La réponse d'Isaïe à la sainteté de Dieu

Quand Ésaïe vit le Dieu saint dans une vision, il prit conscience de sa propre nature pécheresse. Ésaïe était un homme bon selon les critères humains. Il était un serviteur dévoué de Dieu. Pourtant, lorsqu'il se tenait en présence du Dieu saint, il se sentait impur. Et il se rendit compte que tous les gens qui l'entouraient étaient également impurs.

Tandis qu'Ésaïe était affligé de son péché, un séraphin vola vers lui, tenant à la main un charbon ardent, et il toucha la bouche d'Ésaïe, en disant : « Voici que ceci a touché tes lèvres : ton iniquité est enlevée, et ton péché est expié. » (Ésaïe 6:6-7)

Une fois Isaïe purifié, Dieu le mit à part pour servir en tant que prophète.

La bonne nouvelle est que lorsque nous nous repentons de nos péchés et soumettons notre volonté à Dieu, Dieu est prompt à pardonner nos péchés, à enlever notre culpabilité et à nous honorer en faisant de nous ses ambassadeurs.

### Conclusion

Comprendre que Dieu est saint est probablement la chose la plus importante que nous puissions apprendre à son sujet lorsque nous étudions ses noms.

Le nom *Yahweh M'Kaddesh* révèle que Dieu nous sanctifie, nous rend saints et nous met à part pour son service. Quand Ésaïe désespéra de son péché, Dieu lui pardonna ses péchés, enleva sa culpabilité et le mit à part pour servir en tant que prophète.

Dieu nous appelle aujourd'hui. Il nous appelle à nous détourner du mal et à être saints comme lui est saint. Si nous répondons à son appel, obéissons à ses commandements et nous consacrons à lui, il nous distinguera comme son peuple bien-aimé et il nous bénira de toutes sortes de bénédictions spirituelles dans les lieux célestes selon la richesse de sa grâce.

Selon les mots du Psalmiste, « Son nom est saint et redoutable » (Psaume 111:9).

## IX.  Yahweh shalom, le Seigneur est paix

Plus de 200 ans s'étaient écoulés après que Dieu s'était révélé à Moïse comme *Yahweh M'Kaddesh*, le Seigneur qui sanctifie.

Josué et sa génération moururent, et une nouvelle génération apparut, qui ne connaissait pas l'Éternel et ce qu'il avait fait pour leurs ancêtres. « Les Israélites firent ce qui est mal aux yeux de l'Éternel et servirent les Baals. Ils abandonnèrent l'Éternel, le Dieu de leurs pères, qui les avait fait sortir d'Égypte. Ils allèrent après les dieux des peuples qui les entouraient et les adorèrent. » (Juges 2:11-12)

Dieu permit donc à leurs ennemis de les vaincre. Chaque fois que les Israélites sortaient pour combattre, ils perdaient la bataille parce que Dieu n'était pas avec eux.

## 1.  Dieu envoie des juges

Dans leur détresse, le peuple cria à Dieu pour qu'il les aide, et le Seigneur fut pris de pitié pour eux. Il envoya donc un « juge » pour les délivrer de leurs ennemis. Tant que le juge fut en vie, les Israélites servirent le Seigneur et furent bénis. Mais lorsque le juge mourut, le peuple recommença à adorer et à servir d'autres dieux.

L'Éternel dit : « Parce que cette nation a violé l'alliance que j'avais conclue avec ses ancêtres, et parce qu'elle ne m'a pas écouté, je ne chasserai plus devant elle aucune des nations » (Juges 2:20-21). Dieu se servit donc des nations qui entouraient Israël pour mettre les Israélites à l'épreuve et voir s'ils marcheraient dans la voie de l'Éternel, comme l'avaient fait leurs ancêtres (Juges 2:22).

Dieu a mis les Israélites à l'épreuve à maintes reprises en permettant à leurs ennemis de les vaincre. À maintes reprises, le peuple a échoué à l'épreuve. Ce cycle s'était répété quatre fois à la naissance de Gédéon.

## 2. Les Madianites ravagent le pays

Après la mort du quatrième juge, le pays fut en paix pendant environ quarante ans. Les Israélites firent alors ce qui est mal aux yeux de l'Éternel, et l'Éternel permit aux Madianites de les opprimer pendant sept ans. Les Madianites étaient si puissants et si cruels que les Israélites construisirent des abris dans les montagnes et cachèrent leur nourriture dans des cavernes et dans d'autres endroits difficiles à trouver.

Chaque année, à l'époque des moissons, les Madianites envahissaient le pays et prenaient tout. Comme une nuée de sauterelles, ils arrivaient avec leurs familles, leurs animaux et leurs tentes. Les chameaux étaient si nombreux qu'on ne pouvait les compter. Les envahisseurs campaient dans le pays et laissaient leurs animaux manger les récoltes. Ils volaient ensuite les fruits, les moutons, les bœufs et les ânes, et ne laissaient rien à manger aux Israélites.

## 3. Dieu envoie un prophète

Lorsque les Israélites crièrent à l'Éternel, Dieu leur envoya un prophète. Le prophète dit : « Ainsi parle l'Éternel, le Dieu d'Israël : Je vous ai fait monter d'Égypte, du pays de servitude, je vous ai arrachés à la main de l'Égypte et à la main de tous vos oppresseurs. [...] Je vous ai dit : Je suis l'Éternel, votre Dieu. Vous n'adorerez pas les dieux des Amoréens, dans le pays desquels vous habitez. Mais vous ne m'avez pas écouté » (Juges 6:8-10).

Les Israélites avaient abandonné Dieu, et il leur avait retiré ses bénédictions. Ils avaient adoré les dieux et les déesses de la fertilité, pensant qu'ils pourraient leur offrir de plus grandes récoltes, rendre leurs animaux fertiles et les enrichir. Leur but dans la vie était d'accumuler des terres et des richesses, ce qu'ils pensaient que les dieux de la fertilité pouvaient leur donner. De plus, les rites religieux et les rituels des dieux de la fertilité leur procuraient du plaisir sensuel. Sans boussole spirituelle pour les guider, les Israélites se sont égarés.

Toute nation qui abandonne Dieu et adore la richesse, le pouvoir, la gloire et le plaisir ne devrait pas être surprise lorsque Dieu l'abandonne et la laisse souffrir comme les Israélites. Dieu bénit toute nation qui le suit, et il retire ses bénédictions à toute nation qui se détourne de lui.

## 4. L'appel de Gédéon

Vers la fin des sept années d'oppression des Madianites, l'ange de l'Éternel apparut à Gédéon sous un chêne à Ophra. Gédéon battait du blé dans le pressoir de son père (une fosse peu profonde), à un endroit où les Madianites ne pouvaient pas le voir. L'ange dit à Gédéon : « L'Éternel est avec toi, vaillant guerrier » (Juges 6:12).

Cette salutation surprit Gédéon. Il dit : « Seigneur, si l'Éternel est avec nous, pourquoi tout cela nous est-il arrivé ? Où sont tous ses prodiges que nos pères nous ont racontés quand ils disaient : L'Éternel ne nous a-t-il pas fait sortir d'Égypte ? Et maintenant l'Éternel nous a abandonnés et nous a livrés entre les mains de Madian » (Juges 6:13).

Dieu lui répondit : « Va avec ta force, et délivre Israël de la main de Madian. N'est-ce pas moi qui t'envoie ? » (Juges 6:14).

Gédéon hésitait : « Seigneur, dit-il, comment sauverai-je Israël ? Ma famille est la plus faible de Manassé, et je suis le plus petit de ma famille » (Juges 6:15).

L'Éternel dit : « Je serai avec toi, et tu frapperas tous les Madianites ensemble » (Juges 6:16).

Gédéon n'était toujours pas convaincu. Il dit : « Si j'ai trouvé grâce à tes yeux, donne-moi un signe que c'est bien toi qui me parles. Ne t'en va pas, je te prie, jusqu'à ce que je revienne, que j'apporte mon offrande et que je la dépose devant toi. » L'Éternel dit : « J'attendrai ton retour » (Juges 6:17-18).

Gédéon entra dans la maison et fit cuire un chevreau dans de l'eau bouillante. Il prit de la farine et en fit du pain sans levain. Quand la viande fut cuite, il la mit dans une corbeille et versa le bouillon dans une marmite. Il apporta ensuite la viande, le bouillon et le pain au chêne et les offrit à l'ange de l'Éternel.

L'ange de Dieu dit à Gédéon : « Prends la viande et les pains sans levain, pose-les sur ce rocher, et verse le jus » (Juges 6:20).

Gédéon fit ce qu'on lui avait dit. Alors l'ange de l'Éternel étendit la main et toucha la viande et le pain avec la pointe de son bâton. Du feu jaillit du rocher et consuma la viande. L'ange de l'Éternel disparut.

### 5. *Yahweh Shalom,* le Seigneur est paix

Lorsque Gédéon comprit qu'il parlait à l'ange de l'Éternel, il s'écria : « Ah ! Seigneur Éternel ! j'ai vu l'ange de l'Éternel face à face » (Juges 6:22).

L'Éternel lui dit : « *Sois en paix !* N'aie pas peur, tu ne mourras pas » (Juges 6:23).

Gédéon bâtit là un autel pour honorer Dieu, et il l'appela « *Yahweh Shalom* » (Shälom′), ce qui signifie « Le Seigneur est paix ».

Ici, Dieu s'est révélé à Gédéon comme le Dieu de la paix parfaite, le Dieu qui est la source ultime de la paix.

Considérez les circonstances dans lesquelles ce nom a été révélé. La menace d'une attaque de l'armée madianite pesait sur les Israélites comme un lourd nuage noir. Humainement parlant, les Israélites n'avaient aucun moyen de se défendre. Pourtant, Gédéon croyait que le Seigneur pouvait rétablir la paix dans le pays.

Le mot hébreu « shalom » est l'un des mots les plus importants de l'Ancien Testament. Il est traduit par « paix » environ 170 fois, mais *shalom* signifie plus que l'absence de conflit. Il signifie avoir un sentiment de plénitude physique et spirituelle, un sentiment de bien-être et de contentement. *Shalom* vient du fait d'être en harmonie avec Dieu, d'avoir un cœur pur et de vivre dans l'obéissance à la volonté de Dieu. Il n'y a pas de paix pour les athées, les hypocrites, les adultères et les meurtriers.

### 6. Gédéon se prépare à combattre les Madianites

A cette époque, les Madianites, les Amalécites et d'autres peuples venus de l'est traversèrent le Jourdain et campèrent dans la vallée de Jizreel. L'Esprit de Dieu saisit Gédéon, qui sonna de la trompette pour appeler les hommes de sa famille à le suivre. Il envoya aussi des messagers aux tribus de Manassé, d'Aser, de Zabulon et de Nephtali pour leur dire de prendre leurs armes et de se préparer au combat. Environ 32 000 hommes répondirent à son appel et partirent à sa rencontre.

Tôt le matin, Gédéon et ses hommes campèrent à la source de Harod. Les Madianites campaient au nord d'eux, dans la vallée en contrebas. L'armée madianite comptait 120 000 soldats armés d'épées.

L'Éternel dit à Gédéon : « Tu es trop nombreux… Dis au peuple : Si quelqu'un tremble de peur, qu'il retourne en arrière et qu'il s'éloigne de la montagne de Galaad » (Juges 7:3). Vingt-deux mille hommes partirent, laissant Gédéon avec 10 000 hommes pour affronter 120 000 Madianites.

L'Éternel dit à Gédéon : « Il y a encore trop d'hommes. Fais-les descendre vers l'eau, et là je les trierai pour toi. » Gédéon fit descendre les hommes vers l'eau, et l'Éternel lui dit : « Sépare ceux qui lapent l'eau avec leur langue comme des chiens, de ceux qui s'agenouillent pour boire. » (Juges 7:5)

Trois cents hommes prirent l'eau à la main et la lapèrent. Tous les autres se mirent à genoux pour boire.

L'Éternel dit à Gédéon : « C'est par les trois cents hommes qui ont lapé l'eau que je te sauverai, et je livrerai Madian entre tes mains. Laisse aller tous les autres hommes. » (Juges 7:7) Gédéon envoya donc 9 700 hommes dans leurs tentes, mais leur demanda de laisser leur nourriture et leurs trompettes.

## 7. Gédéon défait les Madianites

Tard dans la nuit, Gédéon appela ses hommes : « Levez-vous, l'Éternel a livré entre vos mains le camp des Madianites » (Juges 7:15). Gédéon divisa les 300 hommes en trois compagnies et donna à chacun une trompette et une cruche vide contenant une torche allumée à l'intérieur.

« Observez-moi, leur dit-il. Quand moi et tous ceux qui sont avec moi sonnerons de nos trompettes, sonnez de toutes parts du camp et criez : Pour l'Éternel et pour Gédéon ! » (Juges 7:17-18).

Gédéon et ses hommes formèrent un cercle autour du camp ennemi au milieu de la nuit. Gédéon et les hommes qui l'accompagnaient sonnèrent alors de la trompette et brisèrent leurs vases d'argile. Les deux autres groupes sonnèrent aussi de la trompette et brisèrent leurs vases. Tenant une trompette dans leur main droite et une torche dans leur main gauche, ils crièrent : « L'épée pour l'Éternel et pour Gédéon ! » (Juges 7:20).

Alors que les 300 hommes tenaient leurs positions et sonnaient de la trompette, l'Éternel sema la panique dans le camp. Les Madianites tirèrent leurs épées et commencèrent à s'entretuer. Cette nuit-là, l'Éternel accorda à Gédéon et à ses hommes une grande victoire. « Madian fut humilié devant les

Israélites et ne releva plus la tête. Pendant toute la vie de Gédéon, le pays fut en paix pendant quarante ans » (Juges 8:28).

**Conclusion**

Dieu peut apporter la paix à toute nation qui le suit. Le psalmiste David écrit : « L'Éternel donne la force à son peuple, l'Éternel bénit son peuple et lui donne la paix » (Psaume 29:11). La paix que Dieu donne ne s'obtient pas par la puissance et la force militaires, mais par la présence et la puissance de Yahweh Shalom .

Le prophète Isaïe nous dit que Dieu garde dans une paix parfaite ceux dont l'esprit est fixé sur lui (Isaïe 26:3). En revanche, « les méchants sont comme la mer agitée qui ne peut se calmer, et dont les flots soulèvent la vase et la boue. Il n'y a pas de paix pour les méchants, dit l'Éternel » (Isaïe 57:20-21).

Le monde aspire aujourd'hui à la paix. Les gens sont las de la guerre. Pourtant, les nations continuent de se soulever les unes contre les autres et les conflits internes perturbent la paix au sein des nations. La luxure, la cupidité, la colère, l'envie et l'orgueil continuent d'être les forces motrices de nombreuses sociétés.

Mais Dieu a un meilleur plan. Son plan peut apporter la paix au monde. Dans la mesure où nous écoutons Dieu et suivons ses instructions, les gens « transformeront leurs épées en socs de charrue, et leurs lances en serpes. Une nation ne tirera plus l'épée contre une autre nation, et on n'apprendra plus la guerre » (Esaïe 2:4). Au lieu de cela, il y aura de l'amour, de la joie, de la paix , de la patience, de la bonté, de la bienveillance, de la fidélité, de la douceur et de la maîtrise de soi (Galates 5:22-23).

Selon les paroles d'Ésaïe : « Le fruit de la justice sera la paix, et le fruit de la justice sera le repos et la sécurité pour toujours. Mon peuple habitera des demeures paisibles, des demeures sûres, des lieux de repos tranquilles » (Ésaïe 32:17-18).

Qu'est-ce qui est meilleur ? Un monde dangereux déchiré par la guerre, la brutalité, l'hostilité et les conflits ? Ou un monde pacifique dirigé par un Dieu sage et aimant dont le nom est Yahweh Shalom ?

Dieu nous appelle à la paix. Comment allons-nous répondre à son appel ?

## X.  Yahweh rohi, le seigneur, mon berger

L'un des chapitres les plus célèbres et les plus significatifs de la Bible est le Psaume vingt-troisième. Au fil des siècles, ce psaume a apporté réconfort, courage et guérison à des milliards de personnes qui traversaient des moments sombres et difficiles.

Même si *Yahweh Rohi* (Ro e′) n'est pas un nom formel de Dieu, c'est un nom descriptif qui révèle la tendresse et l'amour de notre Seigneur attentionné.

### 1.  Une belle analogie

Le nom *Yahweh Rohi* apparaît pour la première fois dans le Psaume 23, un beau chant appelé « Le psaume du berger ». Ce psaume a été écrit par David, le Roi Berger, dont les expériences l'ont particulièrement qualifié pour écrire sur *Yahweh Rohi*, le Seigneur, mon berger.

On pense que David a écrit le vingt-troisième psaume vers la fin de son règne. Lorsqu'il était jeune garçon, il gardait les moutons de son père dans les collines autour de Bethléem. Jeune homme, il avait été traqué comme un animal par le roi Saül, et Dieu l'avait sauvé. David s'était caché dans des grottes et s'était déplacé d'un endroit à un autre.

Après son accession au trône, David a mené des guerres sanglantes et a été entouré d'ennemis. Dans un moment de faiblesse, il a commis l'adultère avec Bath-Shéba et a ordonné que son mari soit tué pour tenter de dissimuler son péché. Il s'est repenti de ses péchés, les a confessés à Dieu et a connu le pardon de Dieu. Pourtant, il a souffert d'une profonde tristesse lorsque l'un de ses fils a violé sa propre demi-sœur et qu'un autre fils est mort au combat alors qu'il menait une insurrection contre lui.

Vers la fin de sa vie troublée, David a pu regarder en arrière et voir la main directrice d'un Dieu bon et attentionné. En réfléchissant à ses expériences d'enfance en tant que berger, il a pensé à une belle analogie. La relation entre un berger et ses brebis était semblable à la relation entre Dieu et son peuple.

## 2. La signification de *Rohi*

Le terme *rohi* vient du mot hébreu *ro'eh* qui signifie « nourrir », « soigner » ou « conduire au pâturage ». Ce terme est souvent utilisé pour désigner les bergers qui gardent leurs moutons. Par exemple, « Joseph, un jeune homme de dix-sept ans, gardait *les* troupeaux avec ses frères » (Genèse 37:2). Et « David allait et venait de chez Saül pour *garder* les brebis de son père à Bethléem » (1 Samuel 17:15).

Mais le terme est également utilisé au sens figuré en référence aux rois et aux chefs spirituels que Dieu a choisis pour prendre soin de son peuple. Par exemple, Dieu dit à David : « Tu seras *le berger* de mon peuple » (2 Samuel 5:2). Parlant de Cyrus, roi de Perse, Dieu dit : « Il est mon *berger* et il fera tout ce que je veux » (Esaïe 44:28).

Les rois et les prêtres d'Israël étaient censés prendre soin de leurs sujets, mais ils se servaient eux-mêmes plutôt que le peuple. Le prophète Ézéchiel a écrit : « Malheur aux *bergers* d'Israël qui ne prennent soin que d'eux-mêmes ! *Les bergers* ne devraient-ils pas prendre soin du troupeau ? » (Ézéchiel 34:2). « Vous n'avez pas fortifié les faibles, vous n'avez pas guéri les malades, vous n'avez pas pansé les blessés, vous n'avez pas ramené les égarés, vous n'avez pas recherché ceux qui étaient perdus. Vous les avez gouvernés avec dureté et brutalité. Ils ont été dispersés, faute de *berger*. Et lorsqu'ils ont été dispersés, ils sont devenus la proie de toutes les bêtes des champs » (Ézéchiel 34:4-5). « *Pasteurs*, écoutez la parole de l'Éternel ! Ainsi parle le Seigneur, l'Éternel : J'en veux aux *bergers*, je leur demanderai compte de mon troupeau » (Ézéchiel 34:9-10). « Moi-même, je chercherai mes brebis, et j'en prendrai soin. Comme un berger prend soin de son troupeau dispersé quand il est avec lui, ainsi je prendrai soin de mes brebis. Je les délivrerai de tous les lieux où elles étaient dispersées, au jour de la nuée et de l'obscurité. » (Ézéchiel 34:11, 12)

Lorsque nous nous égarons et perdons notre chemin, lorsque nous nous trouvons dans l'obscurité et la tristesse, lorsque nous nous sentons seuls, sans valeur et déprimés, Dieu vient nous chercher. Il est le berger parfait.

Selon les paroles d'Isaïe, Dieu « paît son troupeau comme un berger : il recueille les agneaux dans ses bras et les porte contre son cœur, il conduit les petits » (Isaïe 40:11). Il nous appelle par notre nom et nous invite à venir à lui pour trouver la sécurité et la guérison.

### 3. *Yahweh Rohi* : **Le Seigneur, mon berger.**

Le nom *Yahweh Rohi* révèle la nature tendre, attentionnée et aimante de Dieu plus clairement que tous les autres noms que nous avons examinés. Dans le nom *Elohim*, nous voyons Dieu comme le Créateur glorieux et majestueux. Dans le nom *Yahweh*, nous le voyons comme le Dieu éternel et existant par lui-même qui discipline son peuple pour son propre bien. Dans les autres noms, il se révèle comme le *Dieu Très-Haut, le Dieu Tout-Puissant, le Seigneur qui pourvoit, le Seigneur* qui *guérit, le Seigneur Saint qui sanctifie* et *le Seigneur qui est la paix* . Maintenant, nous le connaissons comme *le Seigneur, mon berger*. Si ce n'était pas pour ce nom, nous pourrions penser que Dieu est si puissant, si sublime et majestueux, si pur et saint qu'il est inaccessible. Nous pourrions trembler de peur devant lui. Mais dans le nom *Yahweh Rohi* , nous apprenons qu'il prend soin de nous et nous poursuit lorsque nous nous égarons. Il guérit nos blessures, nous donne du repos et nous soigne pour nous rendre la santé.

Dieu dit : « Moi-même, je *paîtrai* mes brebis et je les ferai reposer, dit le Seigneur, l'Éternel. Je chercherai celles qui sont perdues, et je ramènerai celles qui sont égarées, je panserai celles qui sont blessées, et je fortifierai celles qui sont malades. […] Je ferai paître le troupeau avec justice » (Ézéchiel 34:15-16).

### 4. « Le Seigneur est *MON* berger. »

Examinons maintenant le psaume du berger de David. Remarquez les pronoms personnels : « L'Éternel est mon berger, je ne manquerai de rien. Il me fait reposer dans de verts pâturages, il me conduit près des eaux paisibles, il restaure mon âme, il me conduit dans les sentiers de la justice, à cause de son nom » (Psaume 23:1-3).

Ces pronoms personnels nous poussent à nous mettre dans la peau de Dieu. Ils nous aident à comprendre que ce psaume nous concerne et concerne notre relation avec Dieu. Si nous suivons Dieu comme les brebis suivent leur berger, nous aurons tout ce dont nous avons besoin. Il nous donne de la nourriture, de l'eau, du repos, un abri et du contentement – les éléments essentiels de la vie. Nous ne nous soucions pas de ce que nous mangerons, boirons ou porterons demain, car nous savons que Dieu nous fournira ces choses. Il ne promet pas de nous donner tout ce que nous voulons, car nous voulons souvent des choses qui ne sont pas bonnes pour nous. Nous devons apprendre à distinguer nos « désirs » de nos « besoins » et à nous contenter de ce que notre berger nous donne.

Remarquez dans le texte que le Seigneur nous guide. Il nous fait reposer dans des « pâturages verts » et il nous conduit « près des eaux paisibles ». Il nous guide « dans les sentiers de la justice ». Ce n'est que lorsque nous le suivons dans les sentiers de la justice qu'il est en mesure de subvenir à nos besoins. Si nous nous égarons et nous perdons, nous nous retrouvons invariablement dans le besoin de choses essentielles à une bonne santé et au bonheur.

### 5. « Il restaure mon âme. »

Puisque le Seigneur est notre berger, il veille à ce que nos besoins spirituels et émotionnels soient satisfaits.

En tant qu'êtres humains, nous nous égarons tous comme des brebis qui s'éloignent du berger (Ésaïe 53:6). Beaucoup d'entre nous se perdent et ne parviennent pas à retrouver leur chemin. Certains trébuchent et tombent sans pouvoir se relever. Nous buvons l'eau polluée des cloaques du divertissement hollywoodien et de la pornographie sur Internet, et nous tombons spirituellement malades. Certains d'entre nous sont blessés par l'échec et la déception. Certains sont accros à la drogue, à l'alcool, à la promiscuité sexuelle, au matérialisme ou aux commérages. Malgré tout, il existe un espoir de guérison. Nous ne devons pas abandonner par désespoir. Notre berger nous aime et il cherche à restaurer nos âmes.

Dans les temps anciens, les bons bergers accordaient une attention particulière à leurs moutons à la fin de chaque journée. Le berger s'asseyait par terre et les moutons venaient un par un vers lui pour un moment de communion. Il frottait le visage du mouton et lui grattait les oreilles. Le mouton se blottissait contre les jambes du berger, mordillait ses oreilles et frottait sa joue contre la sienne. Cet échange d'affection créait un lien émotionnel entre le mouton et le berger et le mouton se sentait aimé, valorisé et en sécurité.

Le Seigneur est notre berger. Il nous aime. Il connaît chaque larme que nous versons. Il ressent nos blessures et nos souffrances. Lorsque nous nous égarons, il nous poursuit. Lorsque nous revenons à lui, il restaure notre âme. En lui, nous trouvons la guérison et la restauration. Malheureusement, beaucoup de gens se détournent de lui et se retirent dans un endroit isolé pour panser leurs blessures en pensant qu'ils peuvent guérir par eux-mêmes. C'est une erreur fatale de calcul de leur propre force et de leurs propres capacités.

David a commis une erreur tragique. Dans un moment de faiblesse, il s'est éloigné de Dieu et a fait quelque chose qu'il savait être mal. Il a pris la femme d'un autre homme et a eu des relations sexuelles avec elle. Puis, il a fait tuer son mari. Mais David avait un berger aimant qui l'a poursuivi. Dieu a envoyé le prophète Nathan pour confronter David à son péché (2 Samuel 12:1-14). Au lieu de mettre Nathan à mort, David s'est repenti et est revenu à Dieu (Psaume 51). Dieu lui a pardonné et a restauré son âme. Dieu nous pardonne de la même manière.

## 6. « Je ne craindrai aucun mal. »

« Quand je marche dans la vallée de l'ombre de la mort, je ne craindrai aucun mal, car tu es avec moi ; ta houlette et ton bâton me rassurent » (Psaume 23:4).

En Palestine, il y a une longue gorge sombre et étroite que les troupeaux de moutons traversaient lorsqu'ils passaient d'un pâturage d'hiver à un pâturage d'été. On l'appelle « la vallée de l'ombre de la mort ». Les moutons avaient peur de la traverser, car des loups et des chiens sauvages se cachaient dans l'ombre. Mais tant que le berger était là pour les protéger avec sa houlette et son bâton, les moutons n'avaient pas peur.

En tant que jeune berger, David avait conduit ses brebis à la nourriture et à l'eau et les avait protégées des animaux sauvages. Aujourd'hui, David dépeint Dieu comme un berger spirituel qui nous fournit tout ce dont nous avons besoin et nous protège du malin.

Avez-vous déjà vécu dans la sombre vallée du désespoir, de la peur et de la déception ? Avez-vous échoué à un examen important alors que votre carrière dépendait d'une bonne note ? Avez-vous perdu votre emploi pendant une récession économique ? Avez-vous frôlé la mort à la suite d'une crise cardiaque, d'un accident de voiture ou d'une blessure sur le champ de bataille ? Le médecin vous a-t-il informé que vous souffriez d'un cancer en phase terminale ? Avez-vous perdu un être cher et aviez-vous désespérément besoin de réconfort, de réconfort et d'espoir ?

Dans des moments comme ceux-ci, notre Seigneur est avec nous. Lorsque nous sentons sa présence, nos craintes disparaissent. Les personnes qui sont proches de Dieu peuvent dire avec David : « Je ne craindrai aucun mal, car tu es avec moi. »

### 7. « J'habiterai dans la maison du Seigneur pour toujours. »

« Tu dresses une table devant moi, en face de mes ennemis ; tu oins d'huile ma tête, et ma coupe déborde. Oui, le bonheur et l'amour m'accompagneront tous les jours de ma vie, et j'habiterai dans la maison de l'Éternel jusqu'à la fin de mes jours » (Psaumes 23:5-6).

À la fin de chaque journée, le berger conduisait son troupeau dans l'enclos. Lorsque chaque brebis franchissait la porte, le berger l'examinait pour voir si elle n'avait pas d'infections aux yeux ou d'égratignures sur les joues. Lorsqu'il découvrait une blessure, le berger l'oignait d'huile. Puis il donnait à chaque brebis une grande coupe en terre pleine d'eau qui débordait. Lorsque les brebis allaient se coucher cette nuit-là, le berger se couchait en travers de la porte ouverte de l'enclos pour protéger le troupeau de tout danger pendant la nuit.

Quelle image touchante de l'amour protecteur de Dieu. Si nous suivons notre berger et mettons notre confiance en lui, nous pouvons nous endormir le soir sans anxiété ni souci. Plus nous faisons confiance à Dieu, moins nous nous inquiétons de nos ennemis et de nos problèmes.

Même lorsque nous sommes confrontés à la mort, nous n'avons pas peur. Nous savons qu'il est avec nous et nous sommes sûrs que nous demeurerons dans sa maison pour toujours. Notre relation avec Dieu est éternelle.

Avez-vous remarqué le mot « à travers » au verset 4 ? « Quand je marcherai *dans* la vallée de l'ombre de la mort, je ne craindrai aucun mal, car tu es avec moi. » Nous ne marchons pas *dans* la vallée de la mort. La mort n'est pas une voie sans issue. C'est un passage ouvert qui mène de ce monde de maladie et de mort à un monde spirituel où il n'y a ni maladie, ni mort, ni deuil, ni cri, ni douleur. Là, Dieu essuiera toute larme (Apocalypse 21:4). Là, nous habiterons dans la maison du Seigneur, notre berger, pour toujours.

Si Dieu n'est pas votre berger, il vous tend les bras et vous invite à venir à lui. Il vous dit : « Venez à moi, vous tous qui êtes fatigués et chargés, et je vous donnerai du repos » (Matthieu 11:28). Il vous dit : « Venez et suivez-moi » (Matthieu 4:19).

## XI.  Agape, Dieu est amour

Un besoin humain fondamental est d'aimer et d'être aimé. Nous avons besoin de savoir que nous sommes aimés, valorisés, désirés et acceptés par un être cher. Rien sur terre ne nous apporte plus de bonheur qu'une relation intime et aimante.

La bonne nouvelle, c'est que nous sommes aimés. L'apôtre Jean a écrit : « Bien-aimés, aimons-nous les uns les autres, car l'amour est de Dieu. Quiconque aime est né de Dieu et connaît Dieu. Celui qui n'aime pas n'a pas connu Dieu, car Dieu est amour » (1 Jean 4:7-8). Le texte grec dit : « Dieu est *agapè* ».

Quelques versets plus loin, Jean écrit : « Dieu est amour. Celui qui demeure dans l'amour demeure en Dieu, et Dieu demeure en lui » (1 Jean 4:16).

Cette révélation sur la nature aimante de Dieu nous donne un aperçu du cœur de Dieu. Cela nous aide à comprendre qui est Dieu. L'amour et la sainteté sont au cœur de sa nature.

### 1.  Qu'est-ce que l'amour?

Le mot anglais « love » est utilisé de différentes manières. On parle d'amour entre un homme et une femme, d'amour entre une mère et son enfant, d'amour entre un père et son fils, d'amour entre amis, d'amour du prochain, d'amour du travail, d'amour de la patrie, d'amour du chocolat, d'amour de Dieu, etc. Dans la phrase précédente, nous avons utilisé le mot « love » pour décrire neuf sentiments, émotions et attitudes différents.

Les Grecs de l'Antiquité utilisaient le mot *eros* pour décrire l'amour entre un homme et une femme. Cet amour est à la fois sensuel et émotionnel. Le mot *eros* n'apparaît que deux fois dans la traduction grecque de l'Ancien Testament. Il n'apparaît pas du tout dans le Nouveau Testament grec.

Les Grecs, eux, utilisaient le mot *philos* pour décrire l'amour entre amis. C'est ce mot qui est utilisé dans l'évangile de Jean pour décrire l'amour entre Jésus et ses apôtres.

Les auteurs du Nouveau Testament ont évité d'utiliser le mot *éros* , probablement parce que les dieux grecs étaient des êtres érotiques qui convoitaient les femmes et les déesses. Le Dieu de la Bible contraste fortement avec les dieux du monde antique.

Pour décrire l'amour de Dieu, les auteurs du Nouveau Testament ont utilisé le mot *agape*. *L'agape* est l'amour pur, saint et non érotique que Dieu a pour son peuple. *L'agape* est aussi l'amour saint que le peuple de Dieu a pour lui et pour les autres. *L'agape* veut toujours ce qu'il y a de mieux pour celui qu'il aime. *L'agape* est une bienveillance constante envers les autres, même lorsqu'ils ne sont pas aimables. Dieu nous aime, non pas parce que nous sommes aimables, mais parce qu'il nous apprécie. Peu importe le genre de gâchis que nous faisons de notre vie, Dieu nous aime toujours et pense que nous méritons d'être sauvés.

## 2. La parabole de la brebis perdue

Un jour, Jésus a raconté la parabole d'un berger qui avait 100 brebis. L'une d'elles s'était égarée et s'était perdue. Le berger laissa les 99 brebis et partit à la recherche de la brebis perdue jusqu'à ce qu'il la retrouve. Lorsqu'il l'eut retrouvée, il la chargea joyeusement sur ses épaules et rentra chez lui. Il réunit ses amis et ses voisins et leur dit : « Réjouissez-vous avec moi, car j'ai retrouvé ma brebis perdue » (Luc 15:3-6).

Jésus a dit : « De même, je vous le dis, il y aura plus de joie dans le ciel pour un seul pécheur qui se repent, que pour quatre-vingt-dix-neuf justes qui n'ont pas besoin de repentance » (Luc 15:7).

Chaque personne sur terre a une valeur intrinsèque aux yeux de Dieu. L'apôtre Pierre nous rappelle que Dieu ne veut pas que quiconque périsse. Il veut que tous parviennent à la repentance et marchent avec lui dans l'amour, la joie et la paix (2 Pierre 3:9 ; Galates 5:22).

## 3. La parabole de la pièce perdue

Pour souligner encore davantage l'amour de Dieu, Jésus dit : « Ou bien, si une femme a dix drachmes et qu'elle en perde une, n'allume-t-elle pas une lampe, ne balaie-t-elle pas la maison, ne cherche-t-elle pas avec soin, jusqu'à ce qu'elle la retrouve ? Et, lorsqu'elle l'a retrouvée, elle appelle ses amies et ses voisines, et dit : Réjouissez-vous avec moi, car j'ai retrouvé la drachme perdue. De même, je vous le dis, il y a de la joie devant les anges de Dieu pour un seul pécheur qui se repent » (Luc 15:8-10).

Chaque fois qu'un pécheur se repent, Dieu et ses anges se réjouissent. Pourquoi ? Parce que Dieu aime les pécheurs et veut les sauver de l'autodestruction. Le mensonge, la tromperie, la haine, la promiscuité sexuelle, l'ivrognerie et la toxicomanie détruisent à la fois le corps et l'âme. Dieu ne veut pas que nous soyons détruits, car il nous aime d'un amour *agape.*

## 4. Osée découvre la nature de l'amour de Dieu

Le prophète Osée a vécu une expérience personnelle qui lui a révélé le genre d'amour que Dieu a pour son peuple et la douleur que Dieu ressent lorsque son peuple le rejette.

Osée prophétisa dans le royaume du nord d'Israël sous le règne de Jéroboam II au 8$^{\text{ème}}$ siècle avant J.-C. C'était la meilleure des époques et la pire des époques. Sous le règne de Jéroboam II, Israël étendit ses frontières et connut une grande prospérité. Dans le même temps, le peuple s'éloigna de Dieu et tomba dans la décadence morale. Au lieu d'adorer Dieu, il adora le dieu de la fertilité Baal et sa parèdre, Ashera. Le peuple adora également les veaux d'or que Jéroboam Ier avait fait ériger dans les villes de Dan et de Béthel.

En cette période d'idolâtrie et de corruption morale, Dieu donna à son prophète Osée un ordre inhabituel. L'Éternel lui dit : « Va, prends-toi une femme prostituée [ *prostituées* (pluriel) en hébreu], et engendre des enfants de prostituée ; car le pays se livre à une prostitution flagrante, abandonnant l'Éternel. » (Osée 1:2, Nouvelle Version Segond).

Dans l'ancien Israël, une prostituée était soit une catin, soit une prostituée religieuse pour qui l'activité sexuelle était une forme de culte dédiée au dieu de la fertilité, Baal.

Osée prit pour femme Gomer, fille de Diblaïm. Gomer devint enceinte et enfanta un fils à Osée.

L'Éternel dit à Osée : « Appelle-le *Jizreel*, car je vais bientôt punir la maison de Jéhu [la dynastie de Jéroboam II], … et je mettrai fin au royaume d'Israël. En ce jour-là, je briserai l'arc d'Israël dans la vallée de Jizreel » (Osée 1:4-5). « Jizreel » signifie « Dieu disperse ». De même que Jéhu avait versé le sang à Jizreel, Dieu allait utiliser l'Assyrie pour briser la puissance militaire d'Israël et disperser les Israélites dans tout l'empire assyrien. Dieu allait faire preuve d'un amour dur.

Gomer devint de nouveau enceinte et donna naissance à une fille. L'Éternel dit à Osée : « Appelle-la *Lo-Ruhama* [qui signifie « non aimée »], car je n'aimerai plus la maison d'Israël pour lui pardonner » (Osée 1:6).

Le nom *Lo-Ruhama* implique que Gomer avait commis l'adultère et qu'Osée n'était pas le père de la fille. Osée découvrit ce que Dieu ressentait quand Israël lui était infidèle. Il fut si blessé qu'il sentit qu'il ne pouvait plus aimer Gomer.

Après que Gomer eut sevré *Lo-Ruhama* , elle devint de nouveau enceinte et enfanta un fils. Alors l'Éternel dit à Osée : « Appelle-le *Lo-Ammi* [ce qui signifie « pas mon peuple »], car vous [Israël] n'êtes pas mon peuple, et je ne suis pas votre Dieu » (Osée 1:9). Le nom *Lo-Ammi* indique que ce garçon n'était pas le fils d'Osée. Sa femme, Gomer, était devenue une prostituée ordinaire qui se vendait à tout homme qui lui donnait ce qu'elle voulait. En lisant entre les lignes, il est clair que Gomer a quitté Osée pour suivre d'autres amants, tout comme Israël avait suivi d'autres dieux.

## 5. Osée expérimente la douleur de Dieu

Après que Gomer l'eut quitté, Osée découvrit qu'il l'aimait toujours, même si elle l'avait trahi. Il renomma donc les deux enfants de la prostitution : *Lo-Ammi* (pas mon peuple) devint *Ammi* (mon peuple), et *Lo-Ruhamah* (pas aimé) devint *Ruhamah* (mon bien-aimé).

Osée exhorta ses enfants à supplier leur mère de changer de comportement. « Prie ta mère, supplie-la, car elle n'est pas ma femme et je ne suis pas son mari, qu'elle éloigne de son visage sa prostitution, et d'entre ses seins son adultère » (Osée 2:2, Nouvelle Version Révisée Standard). Le cœur d'Osée était brisé.

Comparant les enfants de Gomer aux enfants d'Israël, Dieu dit : « Car leur mère s'est prostituée, celle qui les a conçus a commis des injures. Car elle a dit : J'irai après mes amants ; ils me donnent mon pain et mon eau, ma laine et mon lin, mon huile et ma boisson » (Osée 2:5, LSG).

Nous pouvons ressentir la douleur que Dieu ressent. Il a dit : « C'est pourquoi je lui fermerai le chemin avec des épines, et je lui dresserai un mur pour qu'elle ne retrouve plus son sentier. Elle poursuivra ses amants, mais ne les atteindra pas, elle les cherchera, mais ne les trouvera pas. Alors elle dira : Je m'en irai, et je retournerai vers mon premier mari, car j'étais alors mieux que maintenant » (Osée 2.6-7, LSG).

De même qu'Osée ne pouvait cesser d'aimer Gomer, Dieu ne pouvait cesser d'aimer Israël, même si elle avait rejeté son amour et adoré d'autres dieux. Dieu dit : « C'est pourquoi je vais la séduire, je la ferai venir dans le désert, et je lui parlerai au cœur. […] Là, elle répondra comme au temps de sa jeunesse, comme au temps où elle sortit du pays d'Égypte. » (Osée 2:14-15, LSG)

Même si Israël avait rompu l'alliance que Dieu avait conclue avec lui au mont Sinaï, même s'il méritait les malédictions qui résultaient de la rupture de l'alliance (Deutéronome 28), Dieu a quand même essayé de ramener son peuple à lui parce qu'il l'aimait.

## 6. Osée achète Gomer

Alors l'Éternel dit à Osée : « Va, aime encore ta femme, même si elle est adultère ; aime-la comme l'Éternel aime les enfants d'Israël, même s'ils se tournent vers d'autres dieux » (Osée 3:1).

Osée acheta donc Gomer pour quinze sicles d'argent, un homer d'orge et une mesure de vin (Osée 3:2). Gomer avait été utilisée par un homme après l'autre jusqu'à ce qu'elle soit finalement vendue comme esclave. Le prix d'un esclave était de trente sicles d'argent. Osée payait la moitié du prix en argent et l'autre moitié en produits agricoles.

Osée lui dit alors : « Tu resteras longtemps comme moi ; tu ne te prostitueras pas, tu n'auras pas de relations avec un homme, et moi avec toi » (Osée 3:3). Mais après de nombreux jours de tendresse et d'amour, Osée prit de nouveau Gomer pour femme.

En utilisant Osée comme illustration, Dieu dit : « Car les enfants d'Israël vivront longtemps sans roi ni chef, sans sacrifice ni pierre sainte, sans éphod ni idole. Ensuite, les enfants d'Israël reviendront et rechercheront l'Éternel, leur Dieu » (Osée 3:4-5).

## 7. La grâce étonnante de Dieu

Osée dit aux Israélites : « Il n'y a point de fidélité, point d'amour, point de connaissance de Dieu dans le pays ; il n'y a que malédiction, mensonge, meurtre, vol et adultère ; on transgresse toute loi, et le sang se multiplie » (Osée 4:1-2).

Quel était le problème fondamental d'Israël ? Dieu dit : « Mon peuple est détruit, parce qu'il lui manque la connaissance » (Osée 4:6). Les Israélites ne connaissaient pas Dieu. Ils refusaient de Le reconnaître. Au lieu de cela, ils adoraient Baal en buvant du vin. Leurs filles se prostituaient et leurs belles-filles commettaient l'adultère. Les hommes fréquentaient des prostituées et sacrifiaient avec des prostituées des sanctuaires. Quand ils avaient fini de boire, ils se livraient à des orgies sexuelles. Ils aimaient la luxure plus que la gloire (Osée 4:10-18).

Le cœur brisé, Dieu s'écria : « Comment te livrerai-je, Éphraïm ? Comment te livrerai-je, Israël ? Comment te traiterai-je comme Adma ? Comment te traiterai-je comme Tseboïm ? Mon cœur est abattu au-dedans de moi, ma compassion s'échauffe et s'attendrit. Je n'exécuterai pas l'ardeur de ma colère, je ne détruirai plus Éphraïm ; car je suis Dieu, je ne suis pas un homme, je suis le Saint au milieu de toi » (Osée 11:8-9, LSG).

Dieu a discipliné son peuple, non pas parce qu'il le haïssait, mais parce qu'il l'aimait. Dieu a envoyé son peuple en captivité pour le purifier et rétablir une relation d'amour avec lui. Son amour dur a porté ses fruits. Pendant que le peuple de Juda était en captivité, il est revenu à Dieu et n'a plus jamais adoré de faux dieux.

**Conclusion**

Le livre d'Osée nous révèle l'amour inébranlable de Dieu pour son peuple. Peu importe à quel point nous nous éloignons de Dieu, peu importe à quel point nous nous enfonçons dans le péché, peu importe à quel point nous nous sentons désespérés, Dieu nous aime toujours. Il veut nous sortir du caniveau et nous faire pardonner nos transgressions si et quand nous revenons à lui avec un cœur repentant. Il nous offre son amour, sa miséricorde et sa grâce. Comment pouvons-nous traiter un Dieu si aimant avec manque de respect ?

Dans Osée 6:6, Dieu dit : « Je désire *le chesed* ». C'est-à-dire que Dieu désire l'amour et la miséricorde constants, cohérents et fiables qui correspondent à son amour pour nous. Puis il dit : « Je désire *le da'ath* ». C'est-à-dire qu'il veut que nous le connaissions personnellement, avec le genre de connaissance qui nous conduit à une relation intime, pure et sainte avec lui. En d'autres termes, il veut que nous sachions qui il est.

Qui est Dieu ? « Dieu est amour. » Il vous aime et il veut que vous l'aimiez. Comment allez-vous répondre à son amour ?

## XII.  Abba, père

Dans toute la Bible, Dieu est décrit comme le *Père*. Moïse dit aux Israélites : « Est-ce ainsi que vous récompensez l'Éternel, peuple insensé et sans intelligence ? N'est-il pas votre *Père*, votre Créateur, celui qui vous a faits et vous a formés ? » (Deutéronome 32:6).

Esaïe pria Dieu en ces termes : « Tu es notre *Père*, Abraham ne nous connaît pas, Israël ne nous reconnaît pas ; mais toi, Seigneur, tu es notre *Père* , notre Rédempteur » (Esaïe 63:16). Esaïe dit alors : « Seigneur, tu es notre *Père* ; nous sommes l'argile, tu es le potier, nous sommes tous l'ouvrage de tes mains » (Esaïe 64:8).

Étonnamment, Dieu n'est représenté comme *Père* qu'une quinzaine de fois dans l'Ancien Testament. De nombreux auteurs de l'Ancien Testament évitaient d'utiliser le mot hébreu *ab* (« père ») pour désigner Dieu, probablement parce que *ab* était très largement utilisé comme nom des dieux de la fertilité dans l'ancien Proche-Orient. Dans ces religions de la fertilité, *ab* avait des connotations sexuelles qui contrastaient fortement avec le Dieu pur, saint et asexué qui nous est révélé dans la Bible.

### 1.  Jésus appelle Dieu *Abba.*

Cependant, lorsque nous arrivons au Nouveau Testament, Dieu est représenté comme *Père* 165 fois dans les Évangiles de Matthieu, Marc, Luc et Jean, et au moins cinquante-sept fois dans d'autres passages.

Le mot exact que Jésus a utilisé pour désigner Dieu était *Abba*, qui est l'équivalent araméen de l'hébreu *Ab*. Le mot *Abba* apparaît trois fois dans le Nouveau Testament grec :

• Lorsque Jésus priait dans le jardin de Gethsémané, il dit : « *Abba*, Père, tout t'est possible. Éloigne de moi cette coupe. Toutefois, non pas ce que je veux, mais ce que tu veux » (Marc 14:36). Il n'existe aucune preuve dans la littérature hébraïque qu'un Juif ait jamais appelé Dieu Abba *avant* la venue de Jésus. Le mot *Abba* était le terme que les petits enfants utilisaient lorsqu'ils parlaient à leur père. Les érudits pensaient autrefois qu'Abba *devait* être traduit par *Papa*. Récemment, cependant, on a découvert que les adultes appelaient aussi leur père *Abba*. Cela signifie qu'Abba *peut* également être traduit par *Père*.

– L'apôtre Paul dit aux croyants de Rome : « Vous avez reçu un Esprit d'enfants, et par lui nous crions : *Abba*, Père. L'Esprit lui-même rend témoignage à notre esprit que nous sommes enfants de Dieu » (Romains 8:15-16). Les disciples du Christ à Rome connaissaient le mot *Abba*. Dieu était leur *Père* ;

– Paul écrivit également aux disciples de Jésus en Galatie : « Parce que vous êtes fils, Dieu a envoyé dans nos cœurs l'Esprit de son Fils, qui crie : *Abba !* Père ! » (Galates 4:6). Les croyants de Galatie connaissaient le mot araméen que Jésus utilisait pour prier Dieu. Jésus appelait Dieu *Abba*.

Dans le Nouveau Testament grec, Dieu est appelé plus de 200 fois *Pater*, ce qui signifie *Père*. L'apôtre Paul fait référence à Dieu comme *Père* plus de quarante fois dans ses lettres. Pierre, Jacques, Jean, Jude et l'auteur de l'épître aux Hébreux font également référence à Dieu comme *Père* (1 Pierre 1:2, 17; 2 Pierre 1:17; Jacques 1:17, 27; 3:9; 1 Jean 1:2, 3; 2:1, 13, 15, 16, 22, 23, 24; 3:1; 2 Jean 3, 4, 9; Jude 1; Hébreux 1:5; 12:9).

Dans le Nouveau Testament, Dieu est plus souvent appelé *Père* que *Dieu* . Il est appelé « Père saint » (Jean 17:11), « Père juste » (Jean 17:25), « Père de compassion » (2 Corinthiens 1:3), « Père de gloire » (Éphésiens 1:17), « Père de tous » (Éphésiens 4:6) et « Père des lumières » (Jacques 1:17). Le terme *Père* symbolise l'intimité et l'amour tendre. Il suggère que Dieu est digne de notre respect, de notre honneur et de notre adoration.

## 2. Jésus enseigne à ses disciples à s'adresser à Dieu comme  *à « Père »*.

Sur le flanc d'une montagne de Galilée, Jésus s'assit et enseigna à ses disciples. Il leur enseigna notamment comment prier. Il leur dit : « Voici donc comment vous devez prier : Notre *Père* qui es aux cieux ! Que ton nom soit sanctifié ! Que ton règne vienne ! Que ta volonté soit faite sur la terre comme au ciel ! Donne-nous aujourd'hui notre pain quotidien. Pardonne-nous nos offenses, comme nous aussi nous pardonnons à ceux qui nous ont offensés. Ne nous induis pas en tentation, mais délivre-nous du Mauvais. Car si vous pardonnez aux hommes leurs péchés, votre *Père* céleste  vous pardonnera aussi. Mais si vous ne pardonnez pas aux hommes, votre *Père* ne vous pardonnera pas non plus vos péchés » (Matthieu 6:9-15).

Remarquez que Jésus a enseigné à ses disciples à prier en disant : « Notre *Père* ». Et en leur enseignant à prier, il faisait référence à Dieu comme à « votre *Père* » (Matthieu 5:16, 45, 48 ; 6:1, 4, 6, 8, 14, 15, 18, etc.). Mais quand il priait, il disait : « Mon *Père* » (Matthieu 7:21 ; Marc 8:38 ; Luc 2:49). Jésus n'a jamais prié « Notre *Père* ». Dieu était le *Père* de Jésus d'une manière unique.

## 3. Le problème de la représentation de Dieu comme *Père*.

Dieu s'est présenté comme Père parce que ses qualités sont semblables à celles d'un bon père terrestre. Dieu veut que les pères terrestres aiment leurs enfants, prennent soin d'eux, les protègent, les enseignent, les encouragent et les guident sur les chemins de la justice.

Le problème est que trop de pères terrestres ne ressemblent en rien à Dieu. Ils négligent et ignorent leurs enfants, leur crient dessus et les critiquent. Ils maltraitent leurs enfants physiquement, psychologiquement et sexuellement. Au lieu de guider leurs enfants sur le chemin de la justice, ils les conduisent sur des chemins qui mènent à la colère et à la destruction.

Aujourd'hui, notre monde est rempli de souffrances. Pour beaucoup de gens, l'idée de Dieu comme Père suscite une forte réaction négative. La simple mention du mot père suscite des sentiments de ressentiment. Les personnes qui ont été maltraitées par leur père ont une vision déformée de la paternité et ne peuvent concevoir Dieu comme *Père*. Ils pensent : « Si Dieu ressemble à mon père, je ne veux rien avoir à faire avec lui. » Mais il existe une meilleure façon de considérer la paternité.

## 4. Une parabole moderne

Dans son livre, *The Father Heart of God*, Floyd McClung raconte l'histoire suivante :

Dans un village du sud de la Thaïlande, un jeune homme du nom de Sawat s'est lassé de la vie de village. Il a donc quitté sa famille et s'est rendu à Bangkok pour y trouver des activités passionnantes.

À son arrivée dans la grande ville, Sawat s'initie à la prostitution et devient rapidement accro à la luxure et à la cupidité. Il ne tarde pas à se mettre à travailler comme proxénète dans des hôtels et à vendre de l'opium aux clients. Il achète et vend même des jeunes filles, certaines d'entre elles âgées de neuf ans.

C'est un sale boulot, mais Sawat devient riche et est connu à Bangkok comme un jeune homme d'affaires important.

Puis les choses ont mal tourné. Sawat a eu une série de malchances. Il a été volé. Il a été arrêté par la police. Quelqu'un a fait courir le bruit dans le milieu qu'il était un espion de la police et il a tout perdu. Finalement, Sawat s'est retrouvé à vivre dans une petite cabane à côté de la décharge municipale.

Un jour, assis dans sa cabane, Sawat pensait à son père et à son petit village près de la frontière malaisienne. Il se souvenait des mots d'adieu de son père : « Je t'attends. » Sawat se demandait si son père l'accueillerait à son retour après avoir déshonoré le nom de sa famille.

Il décida alors d'écrire une lettre à son père. Il lui disait : « Cher père, je veux rentrer à la maison, mais je ne sais pas si tu me recevras après tout ce que j'ai fait. J'ai beaucoup péché, Père. S'il te plaît, pardonne-moi. Samedi soir, je serai dans le train qui traverse notre village. Si tu m'attends toujours, attache un morceau de tissu blanc sur l'arbre à po devant notre maison. » Signé : Sawat.

Dans le train, Sawat repensa aux mauvaises choses qu'il avait faites à Bangkok et comprit que son père avait toutes les raisons de le rejeter. Alors que le train approchait de son village, son estomac se noua d'anxiété. Il se demanda : « Que vais-je faire s'il n'y a pas de tissu blanc sur l'arbre à po ? »

Dans son anxiété, Sawat raconta son histoire à l'homme assis en face de lui. Il lui avoua les mauvaises choses qu'il avait faites, comment il avait écrit à son père et comment il espérait qu'un morceau de tissu blanc serait attaché autour de l'arbre à po dans sa cour.

Alors que le train entrait dans son village, Sawat enfouit son visage dans ses mains et dit : « Oh monsieur, je ne peux pas supporter de regarder. Pouvez-vous veiller pour moi ? Le voyez-vous, monsieur ? C'est la seule maison avec un arbre po. »

L'homme gentil répondit : « Ton père n'a pas simplement suspendu un morceau de tissu autour de l'arbre. Regarde ! Il a recouvert tout l'arbre ! » Sawat n'en croyait pas ses yeux. Les branches étaient couvertes de tissu. Dans la cour de devant, son père âgé sautait de joie et agitait un morceau de tissu blanc. Lorsque le train s'arrêta, le père courut vers son fils, l'entoura de ses bras et l'embrassa avec des larmes de joie. À travers ses larmes, le père lui dit : « Je t'attendais. »

Cette histoire touchante parle de l'amour éternel d'un père. Elle est similaire à une histoire que Jésus a racontée il y a près de 2 000 ans.

### 5. La parabole du fils perdu

Pour nous aider à comprendre à quoi ressemble notre *Père* céleste, Jésus a raconté une parabole au sujet d'un homme qui avait deux fils. Un jour, le plus jeune fils dit à son père : « Père, donne-moi ma part d'héritage » (Luc 15:12).

Le père partagea donc ses biens entre ses deux fils. Le plus jeune, après avoir rassemblé ses biens, partit pour un pays lointain. Il y dissipa ses richesses en vivant dans la débauche. Après avoir tout dépensé, une grande famine s'abattit sur le pays. Désespéré, le jeune homme se fit embaucher pour nourrir les cochons. Il avait tellement faim qu'il voulut se remplir le ventre avec les cosses que les cochons mangeaient, mais personne ne lui donna rien.

Il se dit en lui-même : « Combien de mercenaires de mon père ont du pain en abondance, et moi, je meurs de faim ! Je vais partir, retourner vers mon père, et lui dire : Père, j'ai péché contre le ciel et contre toi ; je ne suis plus digne d'être appelé ton fils ; traite-moi comme l'un de tes mercenaires. » Il se leva donc et s'en alla vers son père » (Luc 15, 17-20).

Quand son père le vit arriver, il fut rempli de compassion, il courut à sa rencontre, le serra dans ses bras et l'embrassa.

Le fils dit : « Père, j'ai péché contre le ciel et contre toi ; je ne suis plus digne d'être appelé ton fils. » (Luc 15:21) Mais le père interrompit le discours mémorisé de son fils et dit à ses serviteurs : « Vite, apportez la plus belle robe et revêtez-la-lui. Mettez-lui une bague au doigt et des sandales aux pieds. Apportez le veau gras et tuez-le. Donnons un festin et célébrons le retour du fils. Car mon fils que voici était mort, et il est revenu à la vie ; il était perdu, et il est retrouvé. » (Luc 15:22-24) Ils organisèrent donc une fête et célébrèrent le retour du fils.

Or, le fils aîné était aux champs. Lorsqu'il s'approcha de la maison, il entendit de la musique et des danses. Il appela un des serviteurs et lui demanda ce qui se passait. Le serviteur lui répondit : « Ton frère est de retour à la maison, et ton père a tué le veau gras, car il l'a retrouvé sain et sauf. » (Luc 15:27)

Le frère aîné se mit en colère et refusa d'entrer dans la maison. Son père sortit et le supplia d'entrer. Mais le fils aîné dit à son père : « Vois-tu, pendant toutes ces années, je t'ai servi comme esclave, sans jamais désobéir à tes ordres. Et pourtant, tu ne m'as jamais donné un chevreau pour que je puisse faire la fête avec mes amis. Mais quand ton fils, qui a dilapidé ton bien avec des prostituées, revient à la maison, tu lui fais tuer le veau gras ! » (Luc 15:28-30).

Son père lui répondit : « Mon fils, tu es toujours avec moi, et tout ce qui est à moi est à toi. Mais il fallait que nous soyons dans la joie et dans la fête, car ton frère que voici était mort et il est revenu à la vie ; il était perdu et il est retrouvé » (Luc 15:31-32).

Dans cette célèbre histoire, le père aimant, indulgent et patient représente Dieu. Le fils cadet représente les gens qui se détournent de lui et se laissent entraîner dans des modes de vie destructeurs. Finalement, ils apprennent leur leçon, se repentent et reviennent vers leur *Père* céleste . Lorsqu'un fils perdu se repent et rentre chez lui, il y a de la joie au ciel.

Le fils aîné représente les gens qui servent Dieu fidèlement mais qui sont critiques et portés à juger. Ils n'apprécient pas que Dieu pardonne à ceux qui lui ont été infidèles.

Dieu aime tout le monde, bons et mauvais. Il n'a de cesse d'espérer que ses enfants égarés se repentiront de nos mauvaises voies et reviendront à lui. Lorsque nous venons à lui avec une foi obéissante, nous découvrons qu'il est notre *Père* céleste aimant, compatissant et pardonnant.

## XIII. El echad, Dieu est un

Dans le désert à l'est du Jourdain, Moïse dit aux Israélites : « L'Éternel, notre Dieu, est l'*unique* Éternel » (Deutéronome 6:4).

Le mot hébreu traduit par « un » dans ce verset est *Echad*. *Echad* signifie généralement une unité numérique telle que « *un* raisin ». Cependant, il peut également signifier « une unité collective » telle que « *une* grappe de raisin ». Dans Genèse 2:24, Dieu dit qu'un homme et sa femme « deviendront *un seul* corps [ *echad* ] ». Un couple marié forme une unité collective, pas un corps singulier. Moïse utilisait souvent le mot e *chad* en référence à une unité collective, telle que « quelques [ *echad* ] jours » (Genèse 27:44 ; 29:20), « *une* [ *echad* ] compagnie » (Genèse 32:8), *une* unité de onze fils (Genèse 32:22 ; 37:9) et « *un* [ *echad* ] peuple » (Genèse 34:16, 22). Que nous dit le nom *El Echad* sur Dieu ?

Environ 600 ans après la mort de Moïse, Dieu a dit : « Je suis l'Éternel, et il n'y en a pas d'autre ; hors moi il n'y a pas de Dieu » (Ésaïe 45:5). Du début à la fin, la Bible dit clairement qu'il n'y a qu'un seul Dieu vrai et vivant. C'est ce que nous appelons le « monothéisme ».

## 1. Le mystère

Le nom hébreu Elohim est un nom pluriel. S'il n'y a qu'un seul Dieu, pourquoi le nom de Dieu est-il pluriel ? C'est un mystère.

En hébreu, un nom peut être singulier, duel ou pluriel. Une personne, un lieu ou une chose est singulier. Une paire assortie est duelle. Deux ou plusieurs sont pluriels. Le nom de Dieu, Elohim , est pluriel.

Certains érudits bibliques affirment que le nom Elohim est pluriel pour souligner la majesté, la puissance, la gloire et la divinité infinies de Dieu. Ces érudits soulignent que les verbes et les adjectifs utilisés en relation avec Elohim sont généralement au singulier, ce qui indique qu'il n'y a qu'un seul vrai Dieu.

Mais le mystère s'épaissit à mesure que nous examinons plus en détail les preuves bibliques.

## 2. Pronoms pluriels

Après avoir préparé la terre pour l'habitation humaine, Dieu dit : « Faisons *l'* homme à ***notre*** image, selon ***notre*** ressemblance » (Genèse 1:26). Pourquoi Dieu n'a-t-il pas dit : « Je ferai l'homme à *mon* image » ?

Plus tard, après qu'Adam et Ève eurent mangé le fruit défendu, Dieu dit : « L'homme est devenu comme l'un de ***nous*** » (Genèse 3:22). Pourquoi Dieu a-t-il dit « comme l'un de nous » et non « comme moi » ?

Lorsque Noé et sa famille sortirent de la grande barque après le déluge, Dieu dit à Noé : « Soyez féconds, multipliez-vous et remplissez la terre » (Genèse 9:1). Dieu voulait que Noé et ses descendants se dispersent et repeuplent la terre.

Les descendants de Noé s'établirent dans une plaine à Shinéar (près d'Ur, dans l'Irak actuel). Ils se dirent les uns aux autres : « Venez, bâtissons-nous une ville dont la tour atteigne le ciel, afin que nous nous fassions un nom et que nous ne soyons pas dispersés sur toute la surface de la terre » (Genèse 11:4). Ces gens étaient égoïstes et orgueilleux. Leur plan et celui de Dieu étaient aux antipodes.

Quand Dieu vit la tour que ces hommes construisaient, il dit : « Voici, ils forment *un seul* peuple, et ils ont tous une même langue. Et ce n'est là que le commencement de ce qu'ils vont faire. Et rien de ce qu'ils entreprennent ne leur sera impossible. Allons, ***descendons*** et confondons leur langage, afin qu'ils n'entendent plus la langue les uns des autres. » (Genèse 11:5-7, Version standard anglaise). Remarquez que Dieu utilise le pronom « ***nous*** » en référence à lui-même.

Pourquoi Dieu s'est-il identifié avec un pronom pluriel ?

### 3. La vision de Dieu selon Isaïe

Comme nous l'avons vu dans la leçon quatre, Ésaïe était dans le temple un jour où il eut une vision stupéfiante de Dieu assis sur un trône. Des êtres angéliques appelés séraphins volaient au-dessus du Seigneur. Chaque séraphin avait six ailes. Deux d'entre elles couvraient leur visage, deux autres couvraient leurs pieds, et deux d'entre elles leur permettaient de voler. Tandis qu'ils volaient au-dessus du Seigneur, ils s'appelaient les uns les autres : « Saint, saint, saint est le Seigneur des armées célestes ! Toute la terre est pleine de sa gloire » (Ésaïe 6:3).

Terrifié, Ésaïe s'écria : « Malheur à moi ! Je suis perdu ! Car je suis un homme dont les lèvres sont impures, et j'habite au milieu d'un peuple dont les lèvres sont impures ; et mes yeux ont vu le Roi, l'Éternel des armées » (Ésaïe 6:5).

Alors l'un des séraphins vola vers Ésaïe, tenant à la main une braise qu'il avait prise sur l'autel avec des pinces. Il toucha la bouche d'Ésaïe et dit : « Voici que ceci a touché tes lèvres : ta faute est enlevée, et ton péché est expié. » (Ésaïe 6:7)

À ce moment-là, Ésaïe entendit la voix de Dieu qui disait : « Qui enverrai-je ? Et qui marchera pour nous ? » Ésaïe répondit : « Me voici, envoie-moi ! » (Ésaïe 6:8).

Ici encore, nous nous demandons : « Pourquoi le pronom pluriel « nous » est-il utilisé en référence au seul vrai Dieu ? » Et pourquoi les séraphins ont-ils appelé « Saint » trois fois au lieu d'une ?

## 4. Références cachées à la pluralité de Dieu

Ce mystère de la pluralité de Dieu se retrouve tout au long de la Bible hébraïque, mais en anglais, il est souvent caché.

Par exemple, la traduction anglaise de Job 35:10 dit : « Où est Dieu, mon Créateur ? » Le texte hébreu dit : « Où est Dieu, mon Créateur [pluriel] ? »

Dans Proverbes 9:10, la traduction anglaise dit : « La crainte de l'Éternel est le commencement de la sagesse », tandis que le texte hébreu dit : « La crainte des Saints [pluriel] est le commencement de la sagesse ».

La traduction française d'Ecclésiaste 12:1 est : « Souviens-toi de ton Créateur pendant les jours de ta jeunesse. » Le texte hébreu littéral est : « Souviens-toi de ton Créateur [au pluriel] pendant les jours de ta jeunesse. »

La traduction anglaise d'Isaïe 54:5 dit : « Car ton créateur est ton mari. » Le texte hébreu dit littéralement : « Car tes créateurs [au pluriel] sont tes maris [au pluriel]. »

De nombreux autres passages de l'Ancien Testament contiennent des références similaires à la pluralité de Dieu. Un exemple supplémentaire suffit. La version New American Standard Version d'Isaïe 44:24 dit : « Ainsi parle le Seigneur, votre Rédempteur. » Le texte hébreu dit littéralement : « Ainsi parle le Seigneur, vos Rédempteurs [au pluriel] ».

*Elohim* est pluriel, et les pronoms qui le désignent sont souvent pluriels. Pourtant, les adjectifs et les verbes qui le désignent sont presque toujours au singulier. Cela signifie qu'Elohim, bien que pluriel, n'est qu'un seul Dieu.

## 5. Autres indices sur la pluralité de Dieu

Le nom *Adonaï* est la forme plurielle du mot hébreu *Adon*, qui signifie « seigneur » ou « maître ». Ici encore, nous nous posons la question : « Pourquoi un nom pluriel est-il donné au seul vrai Dieu ? »

Plusieurs passages de l'Ancien Testament nous donnent des indices sur la nature plurielle de Dieu. Par exemple, David a écrit : «

L'*Éternel* [ *Yahweh* ] dit à mon *Seigneur* [ *adoni* ] : Assieds-toi à ma droite, jusqu'à ce que je fasse de tes ennemis ton marchepied » (Psaume 110:1). *Yahweh* est le premier Seigneur. Qui est le deuxième Seigneur ?

Ésaïe a écrit : « L'*Esprit* du Seigneur, *l'Éternel,* est sur *moi* , car *l'Éternel m'a* oint pour porter de bonnes nouvelles aux malheureux. Il *m'a* envoyé pour guérir ceux qui ont le cœur brisé, pour proclamer aux captifs la délivrance, et aux prisonniers la délivrance des ténèbres, pour publier une année de grâce *de l'Éternel* » (Ésaïe 61:1-2). Qui est « moi » dans ce verset ?

Le mystère du Dieu pluriel demeure irrésolu tout au long de l'Ancien Testament. Ce n'est qu'en arrivant au Nouveau Testament que nous trouvons des réponses aux questions que nous avons soulevées.

### 6. Dieu dans le Nouveau Testament

On a dit que « l'Ancien Testament est le Nouveau Testament caché, et le Nouveau Testament est l'Ancien Testament révélé ».

De nombreux mystères de l'Ancien Testament sont résolus dans le Nouveau Testament. Dans cette leçon, nous avons posé la question suivante : « Pourquoi le seul vrai Dieu a-t-il un nom pluriel ? Pourquoi le seul vrai Dieu utilise-t-il des pronoms pluriels pour se désigner lui-même ? » Cherchons maintenant des réponses dans le Nouveau Testament.

### 7. Le Dieu pluriel dans les enseignements de Jésus

Dans la synagogue de Nazareth, Jésus se leva et lut la prophétie d'Isaïe : « L'Esprit du Seigneur [ Yahweh ] est sur moi , parce qu'il m'a oint pour annoncer une bonne nouvelle aux pauvres. Il m'a envoyé pour proclamer aux prisonniers la délivrance et aux aveugles le recouvrement de la vue, pour renvoyer libres les opprimés, pour publier une année de grâce du Seigneur » (Luc 4:17-19). Puis Jésus roula le livre, le rendit au serviteur et dit : « Aujourd'hui cette parole de l'Écriture que vous venez d'entendre est accomplie » (Luc 4:21). Jésus était le « moi » d'Isaïe 61:1-2. Yahweh, Jésus et l'Esprit sont tous présents dans la prophétie d'Isaïe.

En une autre occasion, Jésus demanda à un groupe de pharisiens : « Que pensez-vous du Christ ? De qui est-il fils ? » (Matthieu 22:42). Ils répondirent : « Du fils de David. »

Jésus leur demanda : « Comment donc David, parlant par l'Esprit, l'appelle-t-il Seigneur ? Car il dit : Le Seigneur [ Yahweh ] a dit à mon Seigneur [ adoni ] : Assieds-toi à ma droite jusqu'à ce que je mette tes ennemis sous tes pieds. Si donc David l'appelle Seigneur, comment peut-il être son fils ? » (Matthieu 22:43-45). Les pharisiens ne purent répondre à la question de Jésus.

Que disait Jésus ? Il disait que l'Esprit révélait que Yahweh avait dit au Seigneur de David de s'asseoir à la droite de Yahweh. Qui était le Seigneur de David dans le Psaume 110:1 ? Le Seigneur de David n'était autre que Jésus, le Christ. Jésus était Seigneur 1000 ans avant sa naissance à Bethléem. Yahweh, le Christ et l'Esprit sont tous présents dans le Psaume 110:1.

## 8.  Le Dieu pluriel est présent au baptême de Jésus.

Jésus fut baptisé par Jean dans le Jourdain. Dès qu'il sortit de l'eau, le ciel s'ouvrit et il vit l'Esprit de Dieu descendre sur lui comme une colombe. Alors une voix fit entendre des cieux ces paroles : « Celui-ci est mon Fils bien-aimé, en qui j'ai mis toute mon affection » (Matthieu 3:16-17). Dans cette scène, nous trouvons le Père, le Fils et l'Esprit.

À maintes reprises, au cours de son ministère terrestre, Jésus s'est présenté comme « le Fils » (Marc 14:61-62 ; Jean 3:35-36 ; 5:19-26 ; 8:36 ; 10:36 ; 11:4 ; 14:13 ; etc.). Il a également présenté Dieu comme son Père (Matthieu 11:25, 27 ; Marc 13:32 ; 14:36 ; Luc 10:22 ; 22:42 ; 23:34, 46 ; Jean 5:19-26, 37 ; 6:27, 44-46, 57 ; 8:16, 18, 29 ; 10:15, 17, 36, 38 ; 12:27, 28 ; etc.).

Lors du baptême de Jésus, le Dieu pluriel était pleinement présent : en tant que Pères, Fils et Esprit.

## 9.  Jésus parle du Dieu pluriel dans son discours d'adieu.

La veille de sa crucifixion, Jésus a rencontré ses apôtres pour les préparer à son départ. Il leur a dit : « Si vous m'aimez, vous garderez ce que je vous commande. Et moi, je prierai le *Père*, et il vous donnera un autre consolateur, pour qu'il demeure éternellement avec vous : l'*Esprit* de vérité » (Jean 14:15-17). Le Dieu pluriel est présent dans ces versets en tant que Père, Fils et Esprit.

Jésus leur dit encore : « Mais le Consolateur, l'*Esprit Saint* , que le *Père* enverra en *mon* nom, vous enseignera toutes choses et vous rappellera tout ce que je vous ai dit » (Jean 14:26). De nouveau, le pluriel Dieu est représenté par le Père, le Fils et l'Esprit.

Alors Jésus dit : « Quand sera venu le Consolateur, que *moi* [le *Fils*] je vous enverrai de la part du *Père* , l' *Esprit* de vérité, qui vient du *Père* , il rendra témoignage de *moi* » (Jean 15:26).

Par ces paroles, Jésus explique l'œuvre du Dieu unique et pluriel, composé du Père, du Fils et du Saint-Esprit.

### 10.Le Dieu pluriel dans la Grande Mission

Peu de temps avant de monter au ciel, Jésus dit à ses apôtres : « Tout pouvoir m'a été donné dans le ciel et sur la terre. Allez, faites de toutes les nations des disciples, les baptisant au *nom* du *Père*, du *Fils* et du *Saint-Esprit* , et enseignez-leur à observer tout ce que je vous ai prescrit. Et voici, je suis avec vous tous les jours, jusqu'à la fin du monde. » (Matthieu 28:18-20)

Notez que Jésus n'a pas demandé à ses apôtres de baptiser les gens au *nom* (pluriel) du Père, du Fils et du Saint-Esprit. Il a utilisé le nom singulier, *nom*. Cela implique que le nom « Père, Fils et Saint-Esprit » fait référence à un seul Dieu, et non à trois.

### 11.Jésus déclare qu'il y a un seul Dieu.

Jésus était un fervent partisan du monothéisme. Un jour, un docteur de la loi vint le trouver et lui demanda : « De tous les commandements, lequel est le plus important ? » (Marc 12:28).

Jésus répondit : « Voici la première chose : Écoute, Israël ! Le Seigneur notre Dieu est l' unique Seigneur. Tu aimeras le Seigneur ton Dieu de tout ton cœur, de toute ton âme, de toute ta pensée et de toute ta force » (Marc 12:29-30). Jésus enseigna qu'il n'y a qu'un seul vrai Dieu.

Pourtant, Jésus a révélé que le seul vrai Dieu est pluriel et que Dieu est composé du Père, du Fils et de l'Esprit. Aucun homme n'aurait pu concevoir cette idée, et aucun homme ne peut la comprendre pleinement. Pourtant, nous croyons en la pluralité de Dieu parce que c'est ce que Dieu a révélé à propos de lui-même.

## 12. Le Dieu pluriel dans les enseignements des Apôtres

Inspirés par le Saint-Esprit, les apôtres ont confirmé l'enseignement de Jésus sur la pluralité de Dieu.

Dans sa lettre aux Éphésiens, Paul écrit : « Je m'agenouille devant le *Père* , de qui toute famille dans les cieux et sur la terre tire son nom. Je lui demande, selon la richesse de sa gloire, de vous fortifier puissamment par son *Esprit* dans l'être intérieur, pour que *Christ* habite dans vos cœurs par la foi » (Éphésiens 3:14-17). Ici, Paul fait référence au pluriel Dieu comme *Père*, *Christ* et *Esprit*.

L'apôtre Pierre a écrit : « Aux élus de Dieu, élus selon la prescience de *Dieu le Père*, par la sanctification de *l'Esprit*, pour qu'ils deviennent obéissants à *Jésus-Christ* : que la grâce et la paix vous soient multipliées » (1 Pierre 1:1-2). Pierre mentionne ici Dieu le Père, l'Esprit et Jésus-Christ.

Jude, le frère de Jésus, écrit : « Pour vous, bien-aimés, édifiez-vous vous-mêmes sur votre très sainte foi, priez par le *Saint-Esprit* et maintenez-vous dans l'amour *de Dieu*, en attendant la miséricorde de *notre Seigneur Jésus-Christ* pour la vie éternelle » (Jude 20-21). Ainsi, Jude appelle ses lecteurs à « l'amour de Dieu », au « Saint-Esprit » et à « notre Seigneur Jésus-Christ ».

Paul, Pierre et Jude décrivent tous le Dieu unifié comme le Père, le Christ et l'Esprit.

## Conclusion

Dans le Nouveau Testament, Jésus et ses apôtres ont résolu le mystère de la pluralité des noms du Dieu unique et de la raison pour laquelle Dieu a utilisé des pronoms pluriels pour se désigner lui-même. Le Dieu unique et pluriel se compose du Père, du Fils et de l'Esprit.

En tant qu'êtres humains finis, nous ne pouvons pas comprendre Dieu dans sa plénitude, mais nous pouvons le connaître et avoir une relation intime avec lui.

Certaines personnes ne peuvent se résoudre à croire que Dieu puisse avoir un Fils. Nous devons nous rappeler que pratiquement tout le langage concernant Dieu est symbolique. Dieu est divin, et nous sommes humains. Il est infini, et nous sommes limités. Il est éternel, et nous sommes temporels. La seule façon dont Dieu peut se révéler à nous est en éveillant notre imagination et notre cœur par un langage symbolique. Les termes « Père » et « Fils » sont utilisés pour exprimer la relation chaleureuse et aimante qu'ils entretiennent l'un avec l'autre. Dieu utilise un langage terrestre pour révéler qui il est.

## Résumé

Dans cette étude, Dieu a révélé diverses facettes de sa nature et de son caractère. Il est *Elohim,* le puissant créateur qui tient toujours ses promesses. Il est *Yahweh,* le Seigneur juste et existant par lui-même qui juge le mal et nous appelle à une vie sainte. Il est *El Elyon,* le Dieu Très-Haut en qui nous pouvons avoir confiance. Il est *Adonaï,* le Maître de l'univers. Il est *El Shaddai,* le Dieu Tout-Puissant qui nous nourrit comme une mère nourrit son bébé. Il est *Yahweh Yireh,* le Seigneur qui regarde devant et pourvoit à nos besoins. Il est *Yahweh Rophe,* le Seigneur qui adoucit les eaux amères et guérit nos esprits brisés. Il est *Yahweh Muh Kaddesh,* le Seigneur qui nous purifie et nous sépare du mal. Il est *Yahweh Shalom,* le Seigneur de la Paix. Il est *Yahweh Rohi,* le Seigneur qui est mon Berger. Il est *Agape,* le Dieu qui est Amour. Il est *Abba,* notre Père céleste. Et il est *El Echad,* notre Dieu unifié. Ses noms nous donnent un aperçu de qui est Dieu.

Nous espérons que cette étude de Dieu a éveillé votre réflexion, vivifié votre esprit et réchauffé votre cœur. Si elle a aiguisé votre appétit spirituel et créé un désir de plus de « nourriture pour l'âme », nous vous invitons à poursuivre votre cheminement spirituel en étudiant le deuxième tome, *Qui est Jésus ?*

Pour terminer, nous vous laissons avec les paroles inspirées de l'apôtre Paul : « Que la grâce du *Seigneur Jésus-Christ*, l'amour de *Dieu* , et la communion du *Saint-Esprit* soient avec vous tous » (2 Corinthiens 13:14). Amen.

# Table des matières

Printed by Books on Demand GmbH, Norderstedt / Germany